本书受中华多民族文化凝聚与全球传播省部共建协同创
与"一带一路"研究中心项目"'一带一路'中的
（项目编号：WMHJTF2023B01
本书系教育部产学合作协同育人项目2022年第二批立项项
传播翻译课程改革与建设"（项目编号：22090

天府文化
翻译传播研究
——基于产教研融合视角

白杨 杜洁 朱宪超 高雅 李璐 著

四川大学出版社
SICHUAN UNIVERSITY PRESS

图书在版编目（CIP）数据

天府文化翻译传播研究：基于产教研融合视角 / 白
杨等著 . 一 成都：四川大学出版社，2023.9
ISBN 978-7-5690-6264-9

Ⅰ . ①天… Ⅱ . ①白… Ⅲ . ①地方文化－翻译－成都
②地方文化－文化传播－成都 Ⅳ . ① H059 ② G127.711

中国国家版本馆 CIP 数据核字（2023）第 146415 号

书　　名：天府文化翻译传播研究——基于产教研融合视角
　　　　　Tianfu Wenhua Fanyi Chuanbo Yanjiu—Jiyu Chan-jiao-yan Ronghe Shijiao
著　　者：白　杨　杜　洁　朱宪超　高　雅　李　璐

选题策划：王心怡　刘　畅
责任编辑：王心怡　刘　畅
责任校对：于　俊
装帧设计：墨创文化
责任印制：王　炜

出版发行：四川大学出版社有限责任公司
　　　　　地址：成都市一环路南一段 24 号（610065）
　　　　　电话：（028）85408311（发行部）、85400276（总编室）
　　　　　电子邮箱：scupress@vip.163.com
　　　　　网址：https://press.scu.edu.cn
印前制作：成都完美科技有限责任公司
印刷装订：四川盛图彩色印刷有限公司

成品尺寸：170 mm×240 mm
印　　张：9
字　　数：118 千字

版　　次：2023 年 9 月 第 1 版
印　　次：2023 年 9 月 第 1 次印刷
定　　价：46.00 元

扫码获取数字资源

四川大学出版社
微信公众号

目　　录

绪　论

讲好中国故事，传播好中国声音，展示真实、立体、全面的中国，是加强我国国际传播能力建设的重要任务。这为天府文化传播指明了前进方向、提供了根本遵循。"一带一路"倡议为天府文化传播提供了更加广阔的国际空间。党的二十大报告提出，"推进文化自信自强，铸就社会主义文化新辉煌"，并就围绕举旗帜、聚民心、育新人、兴文化、展形象建设社会主义文化强国做出了一系列部署，不断提升国家文化软实力和中华文化影响力。《习近平新时代中国特色社会主义思想基本问题》全面、系统地阐释了文化自信的内涵意蕴：文化自信是一个国家、民族、政党对自身文化价值的充分肯定，对自身文化生命力的坚定信念，是社会文明进步的重要目标和民族复兴的重要支撑。越来越多的学者从文化自信的角度探索全球化加速和文化多样性背景下区域文化传播助推中华文化国际传播。学界普遍认为，文化自信就是要对悠久的民族传统文化保持自信，对改革开放以来形成的中国特色社会主义文化保持坚定信心与充分肯定，并以实际行动积极践行，推进中国特色社会主义文化发展。本书立足于增强文化自信，以文化自信作为天府文化传播的指导思想，旨在加快天府文化与中华文化的深度融合，为新时代背景下加强天府文化传播打下扎实的基础。

天府文化面向现代化、面向世界、面向未来。成都建设"世界文化名城"，需要讲好"天府故事"。天府文化底蕴丰富，拥有众多特色资源。我们要深入挖掘天府文化背后蕴含的文化资源，使之成为重要的中华文化符号，弘扬中华文明。跨越时空、跨越民族、跨越国度的天府文化精神需要通过文化传播方式展示其魅力。天府文化传播要有创新精神和创造思维，打造多种文化传播途径，增强国际传播能力，全面提升国际传播效能，增强文化自信，实现文化自强。加强天府文化传播能力建设，提升文化软实力，翻译发挥着重要作用。翻译是天府文化传播能力建设的本质前提。没有翻译，就难以产生文化传播。文化传播材料的翻译已成为世界了解天府文化的重要媒介，有利于展现天府良好形象，传播中国故事，增进文明互鉴。文化传播材料的翻译具有跨语言、跨文化、跨区域、跨学科、跨行业的特点。天府文化传播研究应顺应全球化、信息化的时代要求，增强服务国家战略及区域发展的意识，在天府文化翻译传播、天府文化与产教研融合等领域做出新贡献。

面对新形势，应用翻译研究在天府文化传播与理论方法创新方面与时俱进。应用翻译研究在指导应用翻译实践、推动改革开放、扩大文化交流、增强文化传播能力与文化软实力等方面发挥其应有功能（傅敬民，袁丽梅，2022）。然而，对于应用翻译研究如何立足天府文化传播实践发展，如何开拓创新，不断加深、扩展天府文化传播的内涵和外延，如何加强与其他学科、翻译研究其他领域及相关产业行业的联系与合作等问题，未能达成基本的共识，进而制约了天府文化传播研究概念体系及话语体系的有效建构。这在一定程度上阻碍了天府文化传播研究的整体发展。有鉴于此，本书重点从产教研融合视角入手，以跨文化语用学为理论框架，聚焦新时代以来天府文化传播的格局，试图勾勒出当代天府文化传播的全貌，探讨天府文化如何进行有效的翻译传播，展现新时代天府文化传播的路径和特征，旨在为系统、全面地建构天府文化传播研究话语体系提供参考借鉴。本书作为天府文化传播研究的阶段性研究成果，既是对研究团队本身研究兴趣的回应，也是对相关研究者研究成果的补充与延伸，旨在丰富读者对于天府文化传播整体概貌的认知，同时对天府文化传播研究具有一定的理论意义和现实价值。

本书共由五部分组成。第一部分为绪论，主要介绍研究背景、研究理论与方法和研究意义。第一章"天府文化传播研究的历史与现状"主要对天府文化传播相关概念和研究进行总体评述，以改革开放、加入世界贸易组织等重要时间节点为划分依据，简洁明了地梳理不同阶段天府文化传播的发展演变，以及关于天府文化翻译传播的理论、实践、产教研融合视角。第二章"天府文化翻译传播的实证研究"围绕案例具体论述了天府文化翻译传播的理念、内容、渠道及产教研融合发展。此部分注重历时性与共时性相结合、观点提炼与案例分析相呼应、可读性与创新性相融合。第三章"天府文化翻译传播的创新路径"聚焦四个探索，一是天府文化翻译传播的产教研融合基础，二是产教研融合视角下的文化翻译传播需求，三是产教研融合视角下的文化翻译传播透视，四是产教研融合视角下的文化翻译传播走向。最后一部分为结语，就研究发现、研究的局限性及研究的发展方向分别进行阐述，是对绪论部分的回应，以及对未来天府文化传播及天府文化翻译传播的展望。

第一节　研究背景

讲好中国故事，推动中华文化走向世界，对于加快建设社会主义文化强国、实现"两个一百年"奋斗目标和中华民族伟大复兴的中国梦具有重要作用。作为传统地域文化的代表之一，天府文化是四川的"中国形象"和"世界名片"。四川作为文化大省，致力发展天府文化，塑造独特地域文化城市气质，为建设世界文化名城奠定坚实基础（原艺，2018）。天府文化传播成为政府部门、高校和研究机构、学界、产业界研究的重要话题。

一、时代背景

近年来，我国政府举办了一系列文化交流活动，在国际场合、文化论坛、文化交流对话平台上，推介中华优秀传统文化，介绍中国当代文化建设的基本情况，提倡世界文化多元化，产生了重大影响，形成了示范效应。在此背景下，天府文化如何更好地传播成为一个时代课题。

1. "讲好中国故事，推动中华文化走向世界"的时代任务

讲好中国故事，推动中华文化走向世界，有助于我国建设文化大国，复兴中华文明；增加国家互信，推动我国与世界其他国家的文化、经济、政治交流与合作（张殿军，2012）。为了使中华文化更好地走向世界，梳理文化走向世界的理论渊源非常重要。讲好中国故事，推动中华文化走向世界，其理论基础是马克思主义"世界文化"思想，文化全球化是指导中华文化走向世界的基础理论（杨利英，2009）。中华文化"走出去"的本质是在吸收外来优秀文化的同时，使文化"引进来"和"走出去"紧密结合，形成双向、均衡交流和传播的新格局（齐勇锋，蒋多，2010）。中华文化走向世界是我国文化发展战略的关键环节，有利于推进文化自信自强，已经成为实现中华民族伟大复兴的中国梦不可或缺的组成部分。天府文化是中华文化的重要组成部分，尤其在"一带一路"倡议的带动下，天府文化传播方式日趋多元，促使更多的人了解和认识天府文化。

随着文化国际化工作实践的不断深入推进，不同地区结合地缘特色，挖掘丰富多彩的优质中国故事，打造具有国际公共产品属性的本土文化品牌，推动中华文化走向世界。地域文化是特定区域内独具特色、底蕴深厚的生态、传统、民俗、习惯等文明表现。地域文化的传播是打造城市形象、塑造城市品牌的重要手段（原艺，2018）。提升地域文化国际影响力既是文化全球化对民族国家文化发展提出的全新要求，也是文化软实力建设的重要内容。提升文化软实力，必须采用内容丰富、形式多样、方法灵活的传播手段，扩大多渠道、多形式、多层次的国际文化交流与合作管道（张殿军，2014）。四川省成都市提出"坚定不移推进文化繁荣兴盛，加快打造世界文化名城"的战略部署。新的文化理念、新的文化主张对天府文化建设与传播起到良好的引领作用。我们要挖掘天府文化丰富的文化资

源，精选文化"走出去"的内容，优化文化"走出去"的路径，实施文化分类"走出去"的途径，助力文化国际化交流与发展。

目前，以文化国际交流需求和行业市场需求为导向，以中国译者为主的文化翻译传播机制有助于增强文化软实力，向国际受众呈现中国智慧和中国魅力，介绍一个全面、真实、立体的中国（黄友义，2022）。文化翻译传播的关键是要形成强劲的动力机制，促使文化产业行业具备"走出去"的内在动力，加强文化"走出去"实施主体的建设，以及对文化"走出去"实施主体的支持力度，设定文化"走出去"基本的发展目标，建构文化"走出去"完备的政策体系，完善政府推动力，构建文化"走出去"实施主体的内在动力（鞠宏磊，2011）。文化行业产业通过有效整合国内外各方资源，培养更多的从事文化传播产业的专业人才，开拓、创新多样化的文化"走出去"模式，创新本土品牌效应，推动中华文化更加有效地走向世界（卫志民，2013）。由此，天府文化的译介应深入研究对象国市场的精神需求，根据国际市场机制的要求产出具有竞争力的天府文化产品，实现有效、成功的翻译传播，提高国际竞争力。这对天府文化建设、文创发展具有非常重要的指引作用。

2. 天府文化传播的时代课题

中华文化"走出去"带动了区域文化"走出去"，更推动了中华文化与"一带一路"沿线国家的文化交往，这些都给我国带来了海量的应用翻译和语言服务需求（傅敬民，喻旭东，2021）。在全球一体化、语言服务市场繁荣发展的今天，应用翻译作品已经在铺天盖地的语言产品中占据很大一部分。当前语言服务行业所涉及的翻译领域广，其中政府传播占比较大（中国翻译协会，2019）。面临应用翻译和语言服务需求，高校承担了重要责任和使命。围绕"加强国际传播能力建设"这一战略部署，高校在人才培养、科学研究、社会服务、文化传承创新和国际交流合作方面争创更大作为，为塑造可信、可爱、可敬的中国形象贡献高校智慧。在此背景下，文化翻译传播理应担负起更大的责任。

讲好天府故事，推动天府文化"走出去"，业已受到四川省委和省政府的高度重视和学界的热切关注。为了积极融入"一带一路"建设，开启对外开放的新格局，提升天府文化的吸引力和辐射力，服务国家国际传播能力建设，在原有文化精品基础上，四川近年来推出了旅游宣传片《美丽四川》（双语版）、宣传片《感知四川　发现天府》、中英双语形象片《天府四季交响》、中外文图书——《全景中国：四川——天府之国》等。2022 年，四川省成立成都市天府文化传承发展促进会，旨在进一步挖掘天府文化新内涵，构建天府文化新场景。这些形式多样的文化载体有利于发挥社会组织平台优势，鼓励和引导社会力量广泛参与天府文化保护传承工作；有利于深化政府与专业机构的合作，牵头组织和协调推动中华优秀传统文化和天府文化研究阐发、宣传普及、传播交流等工作做深做精做细；有利于汇聚各类相对分散的文化资源，形成保护传承的整体聚合效应；有利于延伸抓手、建强支撑，促进各方资源高效利用。

天府文化是成都市独特的历史文化名片，是在国家城市发展和历史名城建设的基础上形成的，这一概念彰显了该区域的民族文化气息，体现出独特的文化内涵。首先，天府文化承载着厚重的成都历史发展痕迹，是成都的文化标志。其次，天府文化是对巴蜀文化的创新发展。天府文化在多年的发展中与不同的文化碰撞交融，在传播巴蜀文化的同时形成了独特的成都文化印记，蕴含着深厚的成都历史文化底蕴，是巴蜀文化的体现。天府文化一方面是对"天府之国"绚烂多彩文化内容的总结和归纳，体现了成都文化发展的轨迹，是成都文化的重要标志；另一方面，天府文化有利于成都建设"三城三都"，构建文化古城，提升文化核心竞争力，促进当地文化走向全世界。

以上事实充分表明讲好天府故事，加强天府文化传播能力建设已然成为时代命题。这些文化载体虽然推动了天府文化的传播，但从实际效果来看，天府文化的传播仍处于起步阶段，国际影响力和接受度都有待提高。

由于文化背景、语义符号和认知结构等差异，国外受众难以深入理解和体悟天府文化产品所承载的深邃思想和丰厚意蕴。同时，忽略语言产业行业对天府文化翻译传播人才培养的推动作用，会影响天府文化传播的成效。针对天府文化传播面临的困境，本书提出相应的策略和实践理路，对于讲好天府故事、增强天府文化的国际传播力具有重要意义。

二、政策背景

1. 国家政策部署

近年来，党和政府高度重视国际传播能力建设，如何在经济全球化语境下实现中国故事的有效传播，已成为中国国家战略不可或缺的重要内容。"一带一路"倡议和人类命运共同体理念的传播实践，提升了中华文化的国际传播效果和国际影响力，增强了我们在实施文化传播国家战略过程中的文化自信。习近平总书记对这一文化发展道路作出一系列重要论述。2013 年 8 月，习近平总书记在全国宣传思想工作会议上强调，着力推进国际传播能力建设，创新对外宣传方式，讲好中国故事，传播好中国声音。我国国际传播能力建设必须深入贯彻落实习近平新时代中国特色社会主义思想，以坚定文化自信为主要目的。习近平总书记在 2016 年 7 月 1 日庆祝中国共产党成立 95 周年大会上发表的重要讲话中，明确指出文化自信已经成为建设中国特色社会主义的"第四个自信"。党的十九大报告指出，没有高度的文化自信，没有文化的繁荣兴盛，就没有中华民族伟大复兴。习近平总书记明确指出，体现一个国家综合实力最核心的、最高层的，还是文化软实力，这事关一个民族精气神的凝聚。我们要坚持道路自信、理论自信、制度自信，最根本的还有一个文化自信。2021 年 5 月，习近平总书记在主持十九届中央政治局第三十次集体学习时强调，加快构建中国话语和中国叙事体系，用中国理论阐释中国实践，用中国实践升华中国理论，打造融通中外的新概念、新范畴、新表述，更加充分、更加鲜明地展现中国故事及其背后的思想力量和精神力量。习近平总书记在党的二十大报告中对增强中华文明传播力影响力作出重要部署，并强调坚守中华文化立场，提炼展示中华文明的精神标识和文化精髓，加快构建中国话语和中国叙事体系，讲好中国故事、传播好中国声音，展现可信、可爱、可敬的中国形象。加强国际传播能力建设，全面提升国际传播效能，形成同我国综合国力和国际地位相匹配的国际话语权。

随着国际传播能力建设的不断深入，地方文化的国际传播迎来了新机遇，为增强中华文明传播力影响力做出贡献。"一带一路"建设正引领四川加快融入世界产业链、价值链、创新链。新旧动能接续转换、产业加快转型升级对天府文化传播提出了新要求；长江经济带、西部大开发、成渝经济区等重大国家战略交汇叠加，天府新区、全面创新改革试验、自由贸易试验区等重大国家布局交汇叠加。

2. 四川省政策规划

天府文化在全球化现代化进程中得以传承和发展，成为四川省文化建设的重要组成部分。以文化为基底提升国际传播能力，天府文化传播备受关注，得到了政府的支持和鼓励。四川省政府出台了相关政策支持天府文化的传播。2017 年 5 月，四川省第十一次党代会报告明确提出加快建设文化强省。四川省"十三五"文化发展规划明确要求到 2020 年，文化发展环境明显改善，文化产业竞争力明显增强，巴蜀文化影响力不断扩大，公民文明素质和社会文明程度明显提升，文化发展主要指标进入全国第一方阵，如期实现文化小康目标，基本建成文化强省。党的十八大以来，在四川省委、省政府的领导下，天府文化传播始终坚持中国特色社会主义文化发展道路，紧密结合四川经济社会发展实际，主动适应经济发展新常态，解放思想、实事求是、与时俱进、改革创新，遵循文化传播规律，转变文化传播方式，突出天府文化特色，拓展天府文化传播路径，全省呈现文化软实力不断增强、文化生产力不断发展、文化影响力不断扩大、文化民生不断改善的良好局面（刘彦武，李明泉，2018）。《关于高质量打造全省文旅经济发展核心区推动世界文化名城建设的行动方案》根据《中华人民共和国旅游法》《中华人民共和国文物保护法》等法律和文化和旅游部、国家发展改革委、重庆市人民政府、四川省人民政府《关于印发〈巴蜀文化旅游走廊建设规划〉的通知》，中共四川省委、四川省人民政府《关于大力发展文旅经济加快建设文化强省旅游强省的意见》等文件制定，充分衔接《成渝地区双城经济圈建设规划纲要》《"十四五"文化和旅游发展规划》《"十四五"旅游业发展规划》《四川省"十四五"文化和旅游发展规划》《四川省全域旅游发展规划纲要》《成都市"十四五"世界文创名城建设规划》《成都市"十四五"旅游名城和音乐之都建设规划》等规划，部署了成都打造全省文旅经济发展核心区的重点任务，有力推动世界文化名城建设。

在此期间，四川省政府多次组织天府文化的海内外宣传活动，如"四川大熊猫国际文化周""天府文化论坛"等，推动了天府文化的传播。同时，四川省政府也在不断探索更加有效的天府文化传播方式，如开展"一带一路"文化交流活动、建立海外文化中心等。天府文化传播乘势而上，打造天府文化高地，保护与创新齐头并进。

3. 成都市建设行动

成都是天府之国，"一带一路"和长江经济带的战略交汇点，国内大循环的战略腹地和国际国内双循环的重要枢纽，成渝地区双城经济圈的极核之一。成都历史文化优势、区位优势、人才优势、产业优势、改革创新优势都十分明显。独特的区位战略优势决定了提高天府文化传播能力、建设"一带一路"创新枢纽是成都不可推卸的使命担当。天府文化是成都文化底蕴的重要标志，记录着成都文化历史发展轨迹，是成都建设世界文化名城的内核和动力。成都市注重弘扬天府文化，积极推动天府文化的传播，让更多的人积极主动地学习和弘扬优秀传统文化。同时，还促进天府文化的创新，让天府文化在新时代背景下绽放活力。进入新时代，成都在中国区域经济发展格局重塑、国内统一大市场建设、"一带一路"建设、打造西部陆海新通道、构建新发展格局等谋划中将发挥非常重要的引领作用。

在成都建设全面体现新发展理念的国家中心城市的今天，天府文化更能体现成都的历史文脉、城市品位和发展愿景，是增强成都文化自信，夯实成都文化软实力，提升成都文化竞争力的重要抓手（潘殊闲，2020）。2017年，成都市第十三次党代会首次提出发展"创新创造、优雅时尚、乐观包容、友善公益"的"天府文化"，要求传承历史文化，弘扬现代文明，让天府文化成为彰显成都魅力的一面旗帜。2018年，成都市提出力争到2020年，"三城三都"品牌行业价值凸显，建成具有区域影响力的世界文化名城；到2035年，"三城三都"闻名于世，建成世界新兴的文化名城；到21世纪中叶，天府文化享誉全球，建成独具人文魅力的世界文化名城（李家元，2020）。2019年1月8日，中共成都市委十三届四次全体会议通过了《中共成都市委关于弘扬中华文明发展天府文化加快建设世界文化名城的决定》，为进阶世界级城市全面描绘路线图。2021年，《成都市国民经济和社会发展第十四个五年规划和二〇三五年远景目标纲要》明确提出，加强文化国际交往和传播，借助成都地缘优势，以旅游发展和国际教育两种方式传播天府文化，将天府文化融入孟中印缅人文交流，对促进区域合作深化发展、加快成都建设独具人文魅力的世界文化名城、彰显天府文化国际影响力和美誉度有着重要的理论与实践意义（刘兴全，崔晓，智凌燕，2022）。

目前，成都市出台《成都市"十四五"世界文创名城建设规划》等配套文件和细分领域专项政策，将规划图变为施工图，把时间表变为计程表，构建"市级重点专项规划+行动方案+配套政策"的实施支撑体系，保障世界文创名城建设规划目标任务全面落地落实。天府文化源远流长，历史悠久，文化内涵丰富。成都市政府在天府代表性文化，包括茶文化、旅游文化、非遗文化、休闲文化等方面都有具体的建设行动。

在天府茶文化方面，实施了茶文化沉浸式深度体验的项目。立足川茶产业发展，将茶产业与旅游产业相融合，突出茶文化、茶健康、茶体验及茶展示等内容。建设集茶叶种植、制茶体验、茶道展示、茶文化博物馆及茶园民宿等为一体的"茶溪谷"农旅融合项目，打造茶文化全产业链体验消费场景，让更多年轻消费者走进茶园，近距离体验茶文化社交场景和衍生服务。天府茶文化发展以"中国品味，龙的传人，天府茶道"为主题，聚焦川茶文化底蕴、产业发展和国际品牌建设。依托自媒体平台、传播媒体和全球社交媒体网络实现天府茶文化的传播，进而提升茶文化吸引力、凝聚力和影响力。

在天府旅游文化方面，实施文旅品牌塑造行动，打造世界文旅目的地高质量发展体系。着力建设国家文化产业示范园区、5A级旅游景区、旅游度假区、全域旅游示范区等国际化文旅品牌。培育音乐、旅游、时装、电影等领域的全球标杆性天府文化节庆品牌。实施文旅产业能级提升行动，增强消费吸引力和产业竞争力。用科技创新、现代金融、人力资源、配套设施等新途径来吸引重大文旅功能性平台和支撑性文旅项目落地，构建良好的文旅生态系统全产业链。着力开发可阅读、可感知、可欣赏、可参与、可消费的沉浸交互体验新旅游产品和场景，积极探索和培育文化博览研学游、红色文化体验游等各类新业态，进一步展示公园城市形象，提升国际旅游目的地的核心竞争力。建设天府文旅宣传推广平台。以"天府三九大，安逸走四川"为品牌营销核心，以服务企业、服务游客为目标，以节会、推介活动为抓手，打造全省文旅宣传推广平台，构建覆盖广播电视、平面纸媒及网络新媒体的全方位、多层次的媒体推广体系，形成具有公信力、权威性、时效性的天府文旅资讯和宣传推广媒体联盟，将天府文化旅游产品推向国际。

在天府非遗文化方面，实施文化遗产保护活化行动，彰显世界文化名城识别度。深度萃取城市文化的精神内核，不断加强天府文化的保护传承、学术研究和内涵挖掘。注重利用天府文化遗产创作更多沉浸式、体验式的重大庆典、民俗活动、精品剧目，为大众和游客提供具有历史感的文化大餐和特色文创产品。实施城市文化载体建设行动，构建世界文化名城地标体系。把握天府新区、东部新区等未来之城的建设时机，以打造数百年后成为历史文化遗产的高标准高要求建设的文化地标。加强文物考古研究阐释，进一步丰富天府文化历史内涵。实施宝墩、邛窑、明蜀王陵等"十大遗址保护和考古遗址公园"建设，重点以国际一流标准，依托东华门遗址建设天府文化中心，打造城市文化客厅，着力推进三星堆-金沙遗址联合申遗。振兴传统手艺，打造"成都手作"品牌，传承打造"十二月市""都江堰放水节""洛带客家水龙节"等十大成都特色民俗活动。持续塑造大熊猫、三国文化、诗歌文化、古蜀文化等天府文化核心 IP。持续打造非遗节、网络视听大会、创意周、蓉城之秋、成都国际旅游展等品牌活动。深度挖掘巴蜀文明根脉、成都记忆载体、城市发展源点的文化内涵，提炼天府非遗文化精神标识、时代价值。实施古蜀文明保护传承工程、遗址保护和考古遗址公园建设，整体保护历史城区的三城格局、历史水系、城市轴线和里坊肌理，建设天府锦城"八街九坊十景"，再现"两江环抱、三城相重"的历史空间格局，传承历史文脉，延续城市记忆。宣传推广 10 条"非遗之旅"线路和 40 个非遗体验基地，深化"体验匠心"非遗旅游示范项目，打造漆艺文创基地等非遗特色小镇；推动博物馆文物精品展陈和文创产品开发，建设东华门遗址公园，打造天府文化中心、天府艺术公园、文殊坊等文化地标，建设成都市文化馆新馆、成都图书馆新馆、天府美术馆、成都当代艺术中心等大型公共文化设施，积极探索文物活化利用新途径。

在天府休闲文化方面，实施文化载体建设行动。在现有 100 余个国家高等级博物馆、图书馆、文化馆和专业剧场基础上，着力建设好天府艺术公园、四川大学博物馆群、成都自然博物馆等城市文化地标，拓展作为文化载体的城市生活美学空间、书店和城市阅读空间。全面推进城区、片区、街区、社区四级文化空间建设，加快文物与博物馆体系、书店体系、演艺体系、赛事体系、美术空间体系、创意设计空间体系等建设，推出"最成都·生活美学新场景"，培育文化街区和天府绿道"沉浸式文化空间"。在绿道、景区、景点和公共场所以休闲艺术审美形式展示"天府文化"，推动天府休闲文化元素有机融入公园城市建设。

国家和地方政府高度重视天府文化国际传播，从顶层设计、政策规划到建设行动等途径，进一步提升天府文化国际传播的有效性。但是，天府文化传播也面临诸多挑战，如文化翻译本土化、文化差异和翻译策略的选择等问题。

第二节　研究理论与方法

本书围绕天府文化翻译传播的理论问题和实践问题，深入思考其研究理论与方法，回答三个基本问题：传播什么？如何传播？为什么要传播？对这些问题的回答将有助于深入理解天府文化翻译传播的意义和价值，为促进跨文化交流和文化创新提供实践指导和理论支持。由此，本研究采用文献研究、文本分析、案例分析和跨学科研究的方法，结合定量和定性分析的手段，对天府文化翻译传播的应用和效果进行深入探讨。通过对多个案例的分析，总结天府文化翻译传播的成功经验并提出具体的建议和启示，为天府文化翻译传播的实践和理论研究提供参考和借鉴。

一、研究理论

随着现代化和全球化的发展，文化传播变得越来越重要。中国国际地位的提升，文化传播扮演着重要的角色。讲好中国故事，传播好中国声音，展示真实、立体、全面的中国，是加强我国国际传播能力建设的重要任务。加强国际传播能力建设必须重视翻译和翻译人才。翻译，简单地说，就是译者（个体或群体译者）针对特定的文本、采取特定的策略、为了达到特定的目的而进行不同语言之间的转换行为（傅敬民，2019）。翻译是跨语言和文化的交际行为，有效的翻译促使中华文化在世界范围内传播，被外国了解、接受和认同，获得新的生命力（杜可君，2022）。随着中国综合国力的增强，我国翻译实践从译入转向译出，翻译研究的视线方向也随之发生调转（傅敬民，喻旭东，2021）。将翻译研究的理论成果应用于翻译实践、翻译教育、翻译产业、翻译政策法规、翻译辅助技术工具的研究，既是应用翻译研究的应然，也是应用翻译研究的必然（傅敬民，2019）。

国外的文化传播相关理论和实践研究起步较早，从事文化学、社会学、国际政治学、外交学、人类学及跨文化传播学等学科的专家、学者都对该问题进行了相关研究，并且出现了一大批知名的文化传播学、跨文化传播学学者和理论流派。例如，威尔伯·施拉姆（传播学奠基人，综合新闻学、社会学、政治学等学科的理论创立了传播学学科），哈罗德·拉斯韦尔（宣传本质的分析和传播过程的模式研究），库尔特·勒温（提出群体动力传播学理论），保罗·拉扎斯菲尔德（用社会调查法研究受众，提出"意见领袖""两级传播"等理论概念），爱德华·霍尔（跨文化传播学研究的第一人），萨摩瓦、波特、汉姆斯和古迪昆斯特（四位跨文化传播学理论和流派的主要代表人物）等。另外，还有一些从事国际政治文化学研究的学者也关注该领域的研究，如约瑟夫·奈、塞缪尔·亨廷顿。

20世纪以来，随着信息技术的发展和跨文化交流的增加，文化翻译研究得到更多认识和重视。在文化翻译的实践中，出现了一些重要的理论和方法。詹姆斯·霍尔姆斯在1972年提出的应用翻译研究（applied translation studies）就是翻译理论的应用研究，即将翻译研究的理论成果应用于翻译教学研究、辅助翻译研究、翻译批评研究、翻译政策研究（傅敬民，2019）。1988年，詹姆斯·阿普尔盖特等开始用建构主义理论研究文化与传播，开拓了研究文化与传播关系的新的理论视角。他认为传播就是一种通过分享、交换信息进行相互识别的互动过程，这一过程是目标驱动的，个体会根据其所思所想来完成其目标。巴尼特·皮尔斯等通过考察文化在意义的协同管理中扮演的角色，提出了意义的协同管理理论。这一理论的核心观点认为，所有的传播都是各不相同的，也是社会的；社会的道德秩序是传播的组成部分；多样性对于传播过程中的信息传递和信息解释尤为重要。

我国的文化翻译研究始于 20 世纪 80 年代的应用翻译，此后商务翻译、旅游翻译、新闻翻译、公示语翻译等依次兴起（傅敬民，喻旭东，2021）。2003 年，作为应用翻译研究的倡导者和实践者，方梦之引入应用翻译的概念，这成为我国应用翻译研究的转折点，应用翻译研究的目标自此逐渐明确：旨在探索中国本土化应用翻译研究，构建中国特色应用翻译研究体系（傅敬民，喻旭东，2021）。2013 年，黄忠廉、方梦之、李亚舒所著的《应用翻译学》的出版，标志着我国应用翻译研究走向质的飞跃（傅敬民，喻旭东，2021）。2017 年，黄忠廉与朱灵慧合作撰文，提出创建"应用翻译学"的构想，并将"应用翻译学"解读为"应用翻译+学""应用+翻译学""应用+翻译+学"三个层面。这些研究结合我国国情，回应社会需要和行业需求，把应用翻译研究从实践经验的总结和理论探讨逐步推向建构理论体系、改善翻译教学和促进语言服务之道（傅敬民，喻旭东，2021）。2019 年，傅敬民提出中国的应用翻译研究根植于我国社会历史文化传统，围绕科技、旅游、新闻等应用文体开展的研究活动，使应用翻译得以与现实生活中的各行各业产生紧密的联系，赋予其广阔的理论研究空间与突出的现实意义。时至今日，文化翻译教育应以丰厚的中国传统翻译文化精髓为底蕴，以关怀全球翻译教育为视野，寻求中国翻译价值观和世界普遍翻译教育理念的共鸣，丰富全球翻译教育内涵（傅敬民，2023）。

二、研究方法

天府文化翻译传播研究是一个涉及面广泛的交叉性研究课题，研究成果的创新有一定难度。本研究运用历史与现实相结合的方法，结合国际国内的双重视野，对天府文化翻译传播的时代背景和政策背景、历史语境和现实语境进行梳理，准确把握天府文化翻译传播的复杂而多层次的影响因素，有助于较为客观地了解其历史脉络和现实状况，以提高本研究的客观性和全面性。为了实现研究目标，确保观点的科学性、准确性、学术性，笔者在该研究中运用了以下四种研究方法。

1. 文献研究法

文献研究法是学术研究最基础的研究方法之一，对文献的收集、梳理、归类、分析都是研究的始发点。本研究主要选取中英文学术期刊、会议、论文和专著等文献，通过数据库检索和手动查找的方式进行收集和筛选。运用文献研究法，能够了解比较全面的研究现状，对未解决问题的筛选更加准确、清晰，能在已有研究成果基础上概括出新思想、新观点。文献研究法就是通过搜集、鉴别、整理、研究文献形成对事实的科学理解。因此，研究的开展和撰写要依托广泛收集国内外相关资料，查询尽可能多的资料搜索机构、院所并搜索尽可能多的资料平台和各种有价值的网站数据库，利用有关学术著作和报刊文章等文献，尽量充分占有相关资料（张泗考，2016）。本书分析和研究已有文献的研究现状，吸收、借鉴有启发意义的学术观点，运用文献综述总结近年来天府文化翻译传播理论和实践研究现状，分析此类研究的特点、存在的问题及未来走向，进而从中寻求突破，以增强本研究的针对性和有效性。

2. 文本分析法

本书运用文本分析法将 *HELLO CHENGDU* 双语期刊的文本作为研究对象并对其内容进行分析，从文本内容多角度切入，以提高研究的丰富性和系统性。*HELLO CHENGDU* 是 2008 年 3 月由成都市委宣传部及成都传媒集团合作创立的一本中英文月刊，由成都本地专业媒体团队编辑出版，并由国家语言服务领域特色服务出口基地四川语言桥信息技术有限公司（以下简称语言桥)① 等企事业单位翻译协作。*HELLO CHENGDU* 主要涵盖商务、文化、生活及旅游等信息，旨在帮助居留成都的外国人了解成都及中国的文化、时事、商业现状及生活旅游资讯，被外国读者评价为一本"在成都可以阅读的英文杂志"。*HELLO CHENGDU* 为涉外机构提供了一个交流与宣传的平台，如外国领事馆、外国商会、外国驻蓉机构、外国企业和商业机构等；同时，也是成都市政府用于国际宣传及交流的指定外文杂志（曾被政府用于世界博览会、G20 峰会、世界航线发展大会等大型会议陈列、赠阅）。作为中国西部具有影响力的双语杂志，*HELLO CHENGDU* 发行点位以成都为主，精准派送至各国驻成都（总）领事馆、外国驻成都商会、政府涉外机构、外资企业、星级酒店及国际服务公寓、旅游景点等涉外机构和公共场所。这本杂志在成都市出入境接待中心外国人办证厅独家陈列，是外国人进入成都看到的"第一本"双语城市期刊。

HELLO CHENGDU 杂志在成都市委宣传部组织推荐下，作为成都市文化传播读物走出国门，在 2022 年亮相全球规模最大、声誉最高的出版行业展会法兰克福书展，向各国读者生动讲述着成都故事，提升了天府文化在海外的关注度和美誉度。同时，该杂志还进驻第五届中国国际进口博览会，并作为唯一上架的城市刊物与中央级媒体和上海本地的报纸一起亮相新闻媒体中心展架。通过分析 *HELLO CHENGDU* 讲好天府故事的双语文本分析，可以探究天府文化翻译传播的过程性构建。

3. 案例分析法

案例是增强说服力的有效途径。案例分析是本书研究时采用的重要手段，通过对多个文化翻译传播实践案例的分析和比较，总结出文化翻译传

---

① 四川语言桥信息技术有限公司是一家专业的翻译服务提供商，自成立 20 多年来，专注于翻译服务，赢得了众多世界 500 强企业及国内知名企业的信赖。2022 年，语言桥入选"国家语言服务领域特色服务出口基地"。

播的成功经验并提出具体的建议和启示。本书主要选择来自国家语言服务出口基地翻译行业和天府文化领域的案例，在写作过程中，充分使用、应用、制作各种丰富的案例素材，如图示、表格、故事、对话、风俗习惯（张泗考，2016）。通过对天府文化翻译传播具体案例的解析，提取文化翻译传播的应用情况和效果，评估其对跨文化交流和文化创新的作用，为丰富理论观点的阐释提供充分的现实佐证。本书立足现实，以 *HELLO CHENGDU* 双语期刊为个案，将理论探讨与案例分析相结合，分析其传播天府文化的翻译实践特点和存在的问题并尝试提出相关中英文媒介传播天府文化的翻译策略及与之相应的跨文化传播理论。

4. 跨学科研究法

跨文化传播视域下的天府文化翻译传播研究是一个综合性的研究体系，内容涉及多个交叉学科。单一学科视角的研究无法达到研究目标，只有综合各相关学科的知识，从跨学科、多领域、跨维度介入，视野才会更开阔，思考才会更深刻，研究才会更丰满，才会取得良好的研究效果（张泗考，2016）。因此，本研究涉及语言学、传播学、政治学、文化学、社会学、外交学、经济学等多个领域，借鉴了相关学科的理论知识进行跨学科研究，多方面探索天府文化翻译传播理论与实践。

第三节　研究意义

面对快速演变的世界，天府文化传播相关研究比以往任何时候都更加关注文化翻译的理论意义与实践价值。无论是研究天府文化传播能力的顶层设计还是构建中国话语和中国叙事体系，都有赖于中译外这个途径。研究天府文化传播是增强民族文化认同感，提升人们生活质量和促进多元化文化碰撞交融的重要途径（马静，2023）。深入挖掘天府文化中的优秀成果，提高天府文化传播的影响力、吸引力、亲和力，推动天府文化"走出去"，才能形成更加广泛的文化认同，进而增强中华文化的国际影响力。同时，天府文化传播应着眼于促进人类进步与文明发展，为世界文化的繁荣做出中华文化的贡献。

一、理论意义

对天府文化翻译传播提出新思考和新策略可以为今后跨文化传播本土理论建构提供新的借鉴和思考。不同文明和文化间的交流互动更加频繁，不同民族和文化展演着彼此的特色、风格和魅力，为人类社会进步提供不竭的动力（郑海霞，2023）。尽管如此，不同文化之间的区隔与间距为文化的交流互鉴竖起一定的壁垒（郑海霞，2023），阻碍着不同文化间交流传播的进程，成为全球化进程中研究天府文化传播必须面对的问题。在新的历史时期，"我们'要善于提炼标识性概念'，建构自己的译学话语体系，在国际译学界发出响亮的声音"（方梦之，2019）。文化是一个国家的软实力，它不仅可反映一个国家的历史、文化和民族精神，还能塑造国家的形象和认知。通过文化翻译传播，一个国家可以向世界展示自己的文化魅力和创造力，促进国际交流与合作，提高国际影响力和竞争力。笔者认为，天府文化翻译传播研究应该而且可能成为我国在国际译学界发出响亮声音的重要一环。

如前所述，翻译是天府文化传播能力建设的本质。翻译传播研究的开放性特点使其具有很广的学科探索空间，为相关交叉学科的理解和阐释提供了可能性。翻译与传播互为一体。翻译是一种跨文化传播活动，译者作为翻译传播中信息的传递者，在翻译中担任的主要任务除了还原、重构和建构文本的意义之外，还肩负着传播文本信息的重任。信息在源语文本、译者、目的语文本、读者之间的交互流动，说明翻译与传播之间具有内在的联系。天府文化翻译传播研究是翻译学和传播学交叉的研究课题，将天府文化翻译及其传播因素相联系，将翻译学和传播学的研究成果引入天府文化传播研究并以其相互关系及其机理为研究对象进行探索，有利于从系统论角度审视文化翻译传播，研究文化翻译传播，对文化翻译传播中的种种现象进行理论剖析和阐释。

二、现实意义

文化作为综合国力的重要组成部分，对提高国际地位、提升国际形象、创造良好发展环境有着重要作用，提升中华文化国际影响力的要求因此而更加紧迫。在这一背景下，推动天府文化传播及天府文化翻译传播具有重要的现实意义。

第一，在全球化趋势下，世界范围内各种思想文化交流交融交锋更加明显，天府文化传播有助于激发我国民众的文化自信。在天府文化传播交流的过程中，为了增强传播效果，国际文化交流工作者需要广泛学习和深入研究天府文化，并要选择符合现代社会需求的天府文化内容。同时，天府文化翻译传播效果的提升，会促使天府文化在国际上的影响力提高，"天府文化热"必将增强国内民众对天府文化的自信心和自豪感，激发国民内心深处对天府文化的热爱。由此，赞美中华文化、宣传中华文化将成为国内民众的自发行为，进而转换成参与国家文化建设的社会责任感，推动中华文化走向世界。

第二，在和平、发展、合作成为时代主题的今天，文化传播能力是文化软实力的具体表现之一。天府文化传播有助于增强文化软实力、提升国家形象。尤尔根·哈贝马斯认为，不同文化类型应当超越各自传统的生活形式的基本价值局限，作为平等的对话伙伴相互尊重，并在一种和谐友好的气氛中消除误解，摒弃成见，以便共同探讨对人类和世纪的未来有关的重大问题，寻找解决问题的途径（哈贝马斯，2018）。通过天府文化交流，向国际社会展示天府文化精神，努力搭建以天府文化语境为背景的国际文化交流平台，使天府文化为国际社会所了解、所认同、所向往。跨文化交流理论表明，双向交流、互动借鉴是世界不同文化之间融合共生的有效途径。我们要让世界更好地了解天府文化，积极参与国际文化交流。

第三，天府文化传播是根据国家发展的整体利益、顺应全球经济和文化发展规律而提出的一项综合性区域战略，有利于塑造中国现代文明新形象，有助于扩大中华文化的国际影响力，为世界文化的繁荣和人类文明的进步贡献中华文化的智慧。在世界文化多元化背景下，天府文化翻译传播可以将我国优秀文化信息及时传向世界，从而在时间和空间上拉近我国和其他国家的文化距离，有助于其他国家民众熟知并接受中华文化。若要真实、立体、全面地介绍天府文化，就要在叙事方式上接近目的语国家。天府文化传播有助于扩大中华文化传播层面，使我国在世界范围获得理解和信任。

第四，天府文化传播有助于推动天府文化创新和天府文化产业发展。文化创新是指在现有的文化基础上，通过吸收和融合不同文化的元素，创造出新的文化产品和价值（黄艳丽，2021）。天府文化翻译传播可以促进不同文化之间的交流和融合，带动经济增长和创造就业。以天府文化创新的传播方式构建良好的外交环境，使翻译成为推动天府文化创新与发展的基石。结合文化创新的理论内涵及实现路径，探析产教研背景下翻译对天府文化创新的影响，对进一步提出文化传播发展方向及实践路径有着现实指导意义。

小　结

在文化国际传播和文化产业需求的推动下，高校外语教师、语言服务行业工作者和传播学领域学者勇挑时代重担，以优质的文化翻译成果，推进天府文化传播。政府对文化传播的政策支持和市场需求对天府文化的传播和推广具有重要的引领作用。政府的文化传播政策可以为天府文化传播提供资源和环境支持，而市场需求则可以反映天府文化在国内外的受欢迎程度和接受度，为传播策略的设计提供重要的依据。从理论层面来看，本研究倡导天府文化传播相关理论不断扩展和验证，注重转变研究视角，产生新的研究范式。从实践层面来看，研究天府文化传播的体系构建，有助于更好、更深入地传播天府文化；研究天府文化传播的主体和载体，有助于畅通天府文化"走出去"的渠道，使"走出去"的天府文化影响力更加持久；同时，研究天府文化传播有助于我们了解天府文化走向世界的现实情况，从而更好地改进天府文化传播的实践策略。

第一章　天府文化传播的历史与现状

天府文化承载着厚重的文化内涵和深邃的哲理智慧。意蕴的多维性和内涵的丰富性增强了天府文化的表现力和吸引力。本章通过梳理天府文化传播的发展演变与研究现状，以及天府文化承载的丰富内涵和深邃意蕴，增加读者对天府文化的认知储备及其传递的深层文化内核的认同。

第一节　概念的界定

文化是城市之魂。在现代，任何一座城市的发展都离不开文化的支撑和引领。文化是城市竞争力的重要组成部分、重要维度、重要指标。在此背景下，"天府""天府文化"的概念是在成都城市发展的新进程中形成并被熟知的一种新文化。在语义上，天府文化由两部分构成，即"天府"和"文化"。因此，溯源"天府文化"首先要溯源何为"天府"。

一、天府

天府作为区域文化形象概念，其内涵随社会发展而丰富，以适应时代需要（徐学书，2011）。天府位于中国西南部，早在 3 世纪，蜀人的祖先就已经开凿了李白所说的"难于上青天"的古代蜀路。天府是以成都平原为中心的四川盆地和川西高原的整个四川区域文化形象代名词（徐学书，2011）。成都建城史逾 2300 年，是长江流域古老文明的重要源头之一和发展的枢纽，也是巴蜀文化的发源地之一，是中华优秀传统文化的重要组成部分,是茶马古道的核心区域,是中西文化交流中不可取代的重要组成部分(马静,2023)。古代成都的视野是广阔的,从古蜀三星堆、金沙文化中可以看到与异域文化交流互鉴的影子;到了汉唐,成都则已具备国际视野,有许多外国人在成都驻留、生活,异域的音乐舞蹈及金银器成为成都人生活的一部分(宋洁,2019)。汉朝时,成都以经济和文化的高度发达,与洛阳、邯郸、临淄、南阳并称为"五大都会";成都在唐朝时与扬州被誉为"扬一益二";宋朝时期的川峡四路(四川)占据了整个国家面积的三分之一。

天府具有鲜明而强烈的区域特色,同时也具有很强的包容性,受到很多外来文化的影响,兼容并蓄,吸纳和融入了许多新的因素,从而更加滋润和丰富自身的文化特色(黄剑华,2018)。成都一直是西南地区重要的政治、经济和文化中心,极具崇尚文化、崇尚人文、包容和谐、崇尚自然等天府文化的精髓与特色(马静,2023)。成都自古就是移民城市,历史上曾出现多次移民蜀地的潮流,从而带来了很多新的文化因素,并相继融入天府文化。早在三星堆文化与金沙文化兴盛时期,古蜀祖先就大量吸收中原文明和荆楚文明中的多种文化因素,铸造了神秘而辉煌的古蜀文明。自秦、汉以来,由于丝绸之路的开通,成都丝绸制品、漆器等产品出口到朝鲜和蒙古等地。研究表明,三星堆部分青铜器的造型是对中原或荆楚青铜器物的模仿,这说明古蜀文明并不封闭,并不排斥和拒绝外来文化的积极影响。也正是这种对异域文化有选择的吸纳,为天府增添了活力,进一步丰富其内涵,也为天府文化增添了绚丽而神秘的魅力。在历经数十次的移民潮和外来文化的入侵后,天府文化非但没有被其他文化同化,反而将各种文化交流融合,不断发扬光大,彰显出天府文化乐观包容的内在基因(宋洁,2019)。

勇于开拓的精神使得成都不仅成为长江上游地区的重要城市、南方丝绸之路的始发地,同时也成为陆上丝绸之路和海上丝绸之路的重要供给地和转运地(马静,2023)。如今,成都是西部内陆地区经济发展水平最高的城市之一，兼具西部经济中心、金融中心、科技中心、文创中心、国际交往中心和综合交通枢纽功能，是亚欧门户城市，是"一带一路"南北线交会、东西部互联的枢纽，是蓉欧班列的起点。"一带一路"建设、长江经济带发展、新一轮西部开发开放等国家重大战略都在成都交会叠加，使得天府文化发展、文化融合潜力巨大（蔡尚伟，2019）。

二、天府文化

天府文化受到学界的广泛关注。对天府文化的源流、内涵、特色等方面的理解，专家学者的表述各有侧重。天府文化起源于古蜀文明，在与各种文化交融碰撞的过程中逐步成熟，越来越带有独特的地域特色和文化韵味。天府文化具有超越时间的丰富内涵。谭平认为，位于地球黄金纬度、中国三条丝绸之路最佳参与位置的天府成都，具有4500年以上的文明史、2300多年的建城史，孕育出创新创造、优雅时尚、乐观包容、友善公益的天府文化（谭平，2018）。何一民认为，天府文化是秦并巴蜀以后，在传承古蜀文明的基础上，不断融合关中文化、中原文化、齐鲁文化、荆楚文化、吴越文化等多种文化，形成的别具一格的区域文化（何一民，2019）。新时代的天府文化，面向未来、面向世界。它是在成都建设西部文创中心、世界文化名城，努力建设国家中心城市的背景下孕育出的一种既有深厚的历史文化底蕴，又有强烈的建设取向、未来取向、世界取向的新文化（蔡尚伟，2019）。天府文化内涵多样，具有很强的活力和创造力，其中和谐包容、开拓创新、崇文重教是其突出的三大文化特色（马静，2023）。学界普遍认为，天府文化经历了多年的发展，承载着深厚的历史文化内涵。

天府文化是成都市独特的历史文化内容，是在国家城市发展和历史名城建设的基础上形成的，这一概念彰显了该区域的民族文化气息，体现出独特的文化内涵。天府文化是中华民族传统文化的重要组成部分，记录着历史文化岁月的变迁。天府文化是自然与人文、封闭与开放、农耕文明与城市文明、原生文化与外来文化的有机结合，是巴蜀文化、四川文化的精粹，是成都文化的放大，凸显了以成都为中心的区域文化的特质与优长（潘殊闲，2020）。天府文化是在特定的地理和历史条件下形成的地域文化，在经历孕育期、定性期和巅峰期后，本着传承、开放、创新的内涵和特质，融入国际人文交流中，进一步向世界传播、发展、弘扬其内涵、特色和精神（刘兴全，崔晓，智凌燕，2022）。

时至今日，学术界普遍关注天府优秀传统文化的创新性发展。天府文化经过历代传承，在继承中不断创新，显示出鲜明而浓郁的地域文化魅力（黄剑华，2018）。天府文化逐渐成为成都市的文化标志，包括浓厚的人文传统、乐观开朗的精神品格、紧跟时代发展的创新精神等。天府文化具有兼收并蓄的特征和勇于开拓的精神，是成都发展的永恒动力。回溯"天府""天府文化"概念的知识语境与社会语境，"天府""天府文化"皆可为传播提供重要的文化内涵支撑。

第二节　天府文化传播的发展演变

只有明确了天府、天府文化的文化范围，才有探究天府文化传播发展演变的可能。天府文化传播是在中华文化"走出去"的背景下发展演变的，是改革开放后在发展与转型话语的逻辑主导政策、制度建设的理论需求和知识与学术传统的深层影响下出现的。

一、改革开放

改革开放以来，中华文化走向世界的战略兴起并发展。如前所述，现有文献中对中华文化走向世界内涵的概括，基本都是围绕中华文化走向世界战略实施的途径和要实现的目标展开的。从根本上说，中华文化走向世界是以中国的国家利益和人类的共同利益为最高原则的文化发展战略，是中国政府在全球化语境下，在当前重要的战略机遇期内，在国家层面做好协调和统筹规划，充分调动政府和民间、国内和海外等各方面力量，集中国家的资源优势，把文化传播战略与外交、教育、人才等战略结合起来，形成推动中华文化走向世界的国家综合战略（张殿军，2012）。中华文化传播的具体内涵包括传统文化的保护传承和现代转化，现代核心价值和文化精神的建构，增强中华文化国际影响力，从而达到树立国家良好形象、提升国家软实力、赢得国际话语权、为世界文化繁荣和人类文明进步贡献智慧等目标（仲伟合，2014）。文化内容建设是中华文化走向世界的根本和灵魂，倡导多渠道、多层次、多形式推动，尊重区域差异。

自1978年改革开放以来，成都发生了天翻地覆的变化。成都在现代化、国际化的道路上智慧前行，走出了一条能够把传统与现实、未来较好衔接，充分运用国内、国外资源实现自身发展进步，保持并优化城市自身文化个性，立足长远，找准自身定位，应现代化、全球化冲击和挑战并成为强者的发展道路（谭平，2018）。"不管是现代化城市建设以产业结构转型、城市环境改造、交通设施建设为支点，还是区域中心城市建设顺利实现川西城市集群的中心、成渝城市群的双核引擎之一目标；不管是作为国家战略中的中心城市建设聚焦'一带一路'与'长江经济带'交汇点区位优势，还是坚持所有发展必须体现新的发展理念；不管是引起广泛关注的统筹城乡的众多探索实践及其取得的扎实成效，还是从'成都制造'到'成都智造''成都创造'观念、制度、行动的推陈出新"（谭平，2018），成都都在保持自身文化个性、建构天府文化优势的基础上，涌现了诸多创举。

学界对改革开放以后的成都基本形成的共识是成都拥有自然天成的后现代气质，第三方评价给出的成都拥有中国城市的最高幸福指数等柔性指标，与成都的所有硬实力一起，既作为新的活水之源在滋养天府文化，实现成都历史文化的创造性转化与创新性发展，也作为新的表达载体，推动成都市民认知的完善，展现代表天府文化魅力与核心竞争力的人文性格特征（谭平，2018）。改革开放开启了天府文化传播在传承中创新发展、再创辉煌的新征程。

二、加入世界贸易组织

中国加入世界贸易组织对推动全球化发展具有重要意义，给经济领域和文化领域带来深远影响。全球化不仅是经济问题、政治问题、国际关系问题，也是一个文化问题。文化全球化是指在全球范围内的一种文化传播模式，它是与文化传播相关的资源、资金、生产、人才、产品及市场等的流动全球性（罗伯森，2000）。从文化和文明的角度看，文化全球化是人类文化、文明交流程度加深的标志，是人类文化发展的一种新趋势。日本学者星野昭吉在其《全球政治学：全球化进程中的变动、冲突、治理与和平》中认为，文化全球化意即全球文化的相互依存、相互作用，以及文化角色之间的相互交流，它允许分离化、同质化并存。戴维·赫尔德等（2001）在《全球大变革：全球化时代的政治、经济与文化》中把文化全球化看作文化关系和文化实践的延伸与深化，即人和物的运动有助于在广泛的范围内建立一种共享的文化信息模式，从而有助于一个地方的文化思想影响另一个地方的文化思想。因此，文化全球化是一个矛盾冲突和开放的过程，它不可能是民族文化的趋同化，而是一种跨文化对话和交流的机制。当前，全球化以经济为中心，逐渐向政治、文化、意识形态等领域扩散，文化全球化成了当前国际社会的现实语境，文化全球化要求国家的国际文化传播在文化资源开发、文化产品出口、文化传播方式培育上符合全球化的特点。

在文化全球化背景下如何做好中华文化传播，提高中华文化国际影响力成为党和政府关注的重点。中华文化强调面向未来、面向世界。如前所述，党和政府高度重视中华文化"走出去"，先后在经济领域和文化领域提出要实施"走出去"。2002 年，党的十六大明确提出了中华文化"走出去"的战略。党的十六届四中全会明确表述"推动中华文化更好地走向世界，提高国际影响力"。2006 年国家"十一五"时期文化发展规划纲要、

2007 年党的十七大、2010 年中共中央政治局就深化我国文化体制改革研究问题进行的第二十二次集体学习，连续指出要推动中华文化走向世界，增强中华文化国际影响力。2011 年 10 月召开的党的十七届六中全会对于文化建设来说是一次具有里程碑意义的会议，大会通过的《中共中央关于深化文化体制改革推动社会主义文化大发展大繁荣若干重大问题的决定》重点突出了中华文化走向世界的意义，将推动中华文化走向世界作为文化体制改革的关键抓手，通过开展多层次的国际文化交流，增强中华文化的世界影响力。党的十八大报告提出建成小康社会和全面深化改革开放的目标之一就是"文化软实力显著增强"，其要素之一就是"中华文化走出去迈出更大步伐"。2013 年 11 月，党的十八届三中全会上具体指出了文化走向世界的实施主体和具体实施战略，即坚持政府主导、企业主体、市场运作、社会参与，扩大国际文化交流，加强国际传播能力和国际话语体系建设，推动中华文化走向世界。2014 年 5 月，推动中华文化走出去座谈会明确了文化走出去的文化传播目标，文化传播的核心思想、方式、层次、战略措施等。2015 年 7 月，全国文化厅局长座谈会暨"十三五"规划工作座谈会在北京举行，在强调"十三五"文化改革发展主要任务时表示，要以提高文化开放水平为着力点，推动中华文化走向世界。2021 年 1 月，习近平总书记在世界经济论坛"达沃斯议程"对话会上的特别致辞中指出，各国历史文化和社会制度差异自古就存在，是人类文明的内在属性。文明的多样性构成世界的基本特征，伴随着人类文明的起源、进化和发展，在经济和文化全球化的当代语境下，表现得更为突出和鲜明（郑海霞，2023）。

在中华文化国际传播与跨文化传播全面兴起的时代，天府文化传播也迎来了新的发展机遇。四川省是国内较早提出建设文化强省的省份。自2002 年四川省第八次党代会首次提出西部文化强省建设以来，四川一以贯之地坚定文化自信，努力推动天府文化繁荣兴盛，不断推进文化强省建设，大力发展天府文化产业。先后经历了西部文化强省建设、文化资源大省向文化强省跨越、建设与西部经济发展高地相适应的文化强省、加快建设文化强省等几个阶段，文化强省建设服务治蜀兴川工作取得明显成效（刘彦武，李明泉，2018）。

党的十九大召开以来，成都市委、市政府带领全市人民踏上建设全面体现新发展理念的城市的新征程。成都市第十三次党代会提出了"天府文化"的概念，强调要传承和发展传统文化内容，采用多元化的方式弘扬天府文化精髓，让天府文化在成都市更加彰显活力，成为成都市独特的文化特征。在天府文化建设方面，成都市委响亮提出"天府文化"及其16字表述，即"创新创造、优雅时尚、乐观包容、友善公益"，推出系列科学智慧的行动计划，聚焦世界文创名城、旅游名城、赛事名城和国际美食之都、音乐之都、会展之都"三城三都"目标，着力打造系列重大工程项目，贯彻落实习近平总书记来蓉视察提出的建设"公园城市"的历史使命（谭平，2018）。

"创新创造"是中华民族崛起的精神基因，也是天府之国革故鼎新、善谋图变的文化基因。宝墩文化、金沙文化中都折射出强烈的创新倾向，太阳神鸟金箔被国家文物局公布为中国文化遗产标志；都江堰是世界上最早的无坝引水工程；宋代交子是全世界最早出现的纸币；汉代就出现中国最早的地方官学，开全国先河……可以说，创新创造是从历史中析出的、融进成都人血脉中的文化基因之一。

"优雅时尚"是现代成都人的休闲生活美学，也是当代社会的生活追求。这种特质源于环境，沉淀为气质。所谓"花重锦官城"指的便是后蜀皇帝孟昶与花蕊夫人那段"四十里如锦绣"的芙蓉佳话。这种优雅的自然环境也酝酿了蜀人浪漫闲适的才情。卓文君、薛涛等都是受天府文化浸润，从蜀地走出的文学才女，她们用诗词歌赋将优雅时尚的基调融入成都的历史中，并延续至今。今天的成都是一座休闲之城，跨国文化交流汇集于此。成都市内拥有100多家图书馆，特展和学术讲座场场门庭若市。3000余家书店遍布成都的大街小巷，数量居全国第二。浓郁的书香与传统文化融合汇聚，形成如今历史沉淀与现代文明和谐共生的优雅时尚之都，成都也因此被大家称为"一座来了就不想离开的城市"。

"乐观包容"是成都自古以来海纳百川、有容乃大的文化气度。从古蜀国的三星堆遗址到金沙文化遗址，从唐代的胡人音乐和舞蹈到历史上多次出现的"移民潮"，随处可见成都文化与外来文化交流互鉴的影子。天府文化也正是在这种交流互鉴中逐渐形成融百家之长的文化特点。当代天府文化既融合了历史悠久的古老文化，也有前卫的时尚表达；既包含纯正的汉族文化，也加入了多元的少数民族文化；既有对主流文化的积极进取，又不排斥对各种文化的包容吸收。

"友善公益"是天府文化的文化温度。"我行山川异，忽在天一方。但逢新人民，未卜见故乡"是一生慷慨悲凉、忧国忧民的杜甫对蜀地人民热情好客的描述。到了近代，成都慈善事业愈发卓著。据统计，20世纪20年代到40年代，成都曾出现近400个慈善团体，其中包括"中国慈善第一人"尹昌龄和由社会贤达和西方传教士联合筹备的"中西组合慈善会"。时至今日，成都的公益事业仍如火如荼。据相关报道，成都市每10人中就有1名志愿者，先后涌现出30余名全国、全省道德模范，以及近700名"中国好人""四川好人"，生动地写下成都友善公益最鲜活的脚注（蔡尚伟，2019）。

2023年，成都被评为"中国国际传播综合影响力先锋城市"。第二届中国城市国际传播论坛以"创新城市叙事，提升国传效能"为主题，以多元视角为城市国际传播能力建设把脉问诊、建言献策。论坛研究成果《中国城市海外影响力分析报告（2022）》显示，越来越多中国城市成为国际传播的积极践行者，通过对外交流活动和海外传播打造良好海外形象，其活动方式、内容和传播渠道均不乏可圈可点之处。近年来，天府文化专家、成都城市代表围绕"创新城市叙事，践行文化传播使命""聚焦数字赋能，发力全球全媒传播""增进共识共情，提升国际传播效能"进行研讨，旨在贯彻落实党和国家关于加强和改进国际传播工作的重要要求，创新国际传播方式方法，为对外讲好中国城市故事提供智力支持。

为天府文化传播储备智力支撑需要产教研深度融合。成都市积极鼓励院校开设天府文化专项课程或者设置相关专业，积极引导学生主动了解和学习天府文化，这是促进天府文化传播和创新的重要途径（马静，2023）。一方面，深入挖掘天府文化的内涵，促进天府文化更加全面而深入的发展，提升学生学习天府文化的积极性，培养优秀的传播天府文化的人才，促进天府文化的传承与传播。另一方面，成都市积极鼓励各高校开设天府文化课程内容，要求相关政府部门要加强宏观调控，给予政策方面的支持，采用项目化的方式积极推动天府文化的传播，注重培养优质的天府文化传播者，让天府文化在未来多元化的时代背景下同样能够绽放活力。同时，成都市政府部门积极鼓励学校的文学、艺术、历史等院（系）邀请天府文化相关领域的专家来校园不定期开展讲座，宣传与天府文化相关的内容，主要包括天府文化的内涵、发展轨迹、保护与传承方式等内容；天府文化研究领域的单位也积极进入学校，向学生介绍天府文化的发展情况，让师生可以更加直观清晰地认识天府文化，感受天府文化独特的价值。学校不定期开展讲座可以提升全校师生对天府文化知识的掌握程度，使其了解天府文化的发展历程，从而更加热衷于学习天府文化，肩负起传播天府文化的重要使命；同时，通过介绍天府文化的内涵、发展轨迹、保护和传承方式等内容，让师生主动保护天府文化，促进天府文化的创新发展。

全球化的进程不断加快，世界各民族之间的文化碰撞、融合、交流、互动日益频繁。成都秉承"为国交友"的理念，在配合主体外交、增进理解互信等方面发挥着人民外交的独特作用，让外国人士通过亲身感受成都的历史文化、社会进步和精神风貌，逐渐加深对天府文化的了解（刘兴全，崔晓，智凌燕等，2022）。在此大背景下，翻译传播成为天府文化与其他文化交流的必要条件（陈诚，任雪花，2016）。

第三节　天府文化翻译传播研究述评

随着讲好中国故事助推中华文化"走出去"和构建现代传播体系的提出，以中英文媒体为代表的新型媒体平台建构研究逐渐增多，具体包括语言学、传播学和翻译学等层面的多角度研究，涉及文化翻译传播的研究理论、实施策略、产教研视角及其与天府文化形象建构相结合的研究。

一、文化翻译传播的研究理论

从文化走向世界的角度来看，天府文化翻译传播是一个内涵丰富、具有极大包容度与吸纳力的跨文化传播概念。20 世纪 70 年代，跨文化传播先驱约翰·C. 康登和法蒂·S. 尤瑟夫于 1975 年合著的《跨文化传播学导论》一书，从人类学、语言学、国际关系学和修辞学等方面综合探讨了跨文化传播问题。此书与拉里·A. 萨莫瓦尔和理查德·E. 波特在 1972 年合著的《跨文化传播学读本》被认为是 20 世纪 70 年代跨文化传播研究的突出贡献（李家元，2020）。到 20 世纪 70 年代末，出现了《国际和跨文化传播年鉴》等专业性跨文化翻译传播的出版物，到 20 世纪 80 年代初，有关跨文化传播的翻译课程不断增加（李家元，2020）。

中国的跨文化传播研究起步于 20 世纪 80 年代。1988 年，段连城出版了《对外传播学初探》，这是我国首部具有开创意义的跨文化传播学著作，作者特别强调传播要注重"文化差别"，应遵循"内外有别"的传播原则；1997 年，贾玉新出版了《跨文化交际学》，其后黄葳威在 1999 年出版了《文化传播》等著作；关世杰于 1995 年出版了《跨文化交流学》，2004 年出版了《国际传播学》，把跨文化交际学延伸到国际传播领域；胡文仲在 1999 年出版了《跨文化交际学概论》；陈俊森、樊葳葳在 2000 年出版了《外国文化与跨文化交际》；沈苏儒在 2004 年出版的《对外传播的理论与实践》一书中则强调传播是跨文化的传播；2010 年单波出版《跨文化传播的问题与可能性》；2011 年程曼丽、王维佳出版《对外传播及其效果研究》；2015 年孙英春出版《跨文化传播学》一书。在跨文化传播的实践中，以这些学者为代表的我国学界对于跨文化传播的学科交叉性有了日益清晰的认识。

基于此，本书将文化翻译传播界定为交叉学科领域，强调尽可能地按照国际惯例和对象国受众习惯，有针对性地进行选题的组织，尤其是翻译方法的行业性与贴近性，介绍优秀文化传统和社会进步，争取跨文化读者的认识、理解与支持。将天府文化的意义和价值转化为不同语言和文化背景下可理解和可接受的形式，这是促进天府文化传播和交流的过程。天府文化翻译传播涉及语言、文化、历史、社会等多方面的知识和技能，需要译者具备深厚的跨文化素养和较高的语言驾驭能力，同时也需要了解受众的文化特点和需求，以便翻译出符合其文化习惯和观念的天府文化产品。在天府文化翻译传播中，语言是承载和传递文化信息的主要工具，因此，了解语言学理论对于理解天府文化翻译传播中的语言现象和语言交流方式十分必要。语言学理论主要研究语言的结构、形态、意义、使用和变化等问题。跨文化传播理论主要研究不同文化之间的传播和交流，包括语言、文化和价值观念等方面的跨越和融合。这个理论框架有助于理解天府文化翻译传播中的文化差异，以及如何进行跨文化交流和合作。

在实践中，文化翻译传播的应用非常广泛。比如，翻译中国文学作品需要运用语言学理论，研究中国与外国的文化差异和相似性需要运用社会学理论和跨文化传播理论。这些理论的应用，可以更好地推动文化翻译传播事业的发展。国际文化翻译传播的重要性越来越受到重视。例如，中国的"一带一路"倡议促进了中国与沿线国家的文化交流和合作。在实际的文化翻译传播过程中，译者需要综合考虑语言、文化、历史、社会等多个方面的因素，以确保翻译的准确性和质量（余倩，张军，2019）。同时，还需要对源语文化内容进行加工和转化，以符合不同文化背景下的受众需求。例如，当代中国影视作品在对外的翻译与传播过程中，译者常根据受众的审美期待和认知语境对影视作品的名称和作品中的对话加以改动。赢得海外观众的认可，才能更好地助推中华文化"走出去"，提升国际形象，增强文化软实力。天府文化翻译传播在促进跨文化交流中扮演着重要的角色。译者需要具备深厚的跨文化素养和语言能力，同时也需要考虑受众的文化特点和需求，以确保文化翻译的准确性和质量。例如，将"天人合一"翻译为"harmony between heaven and human"，"礼仪之邦"翻译为"a country with a strong tradition of etiquette and courtesy"，以便英文读者更好地了解中国传统文化的特点。值得注意的是，由于文化的多样性和复杂性，译者需要灵活运用文化翻译传播的流程和方法。例如，对于一些具有特定文化背景和社会习惯的内容，需要采用更加细致入微的翻译方法，以便更好地传达文化内涵和情感。同时，在跨文化交流中，也可以采用类比、比喻、转换等手段，增强信息的易懂性和可接受性（陈夏临，2023）。

　　学界普遍认为，语言和文化差异是文化翻译传播中面临的一大挑战。不同的语言和文化有着不同的表达方式、思维方式、价值观和习惯，这些差异容易导致误解、歧义。在跨文化交流中，这些差异需要被认真对待。具体来说，语言差异带来的挑战在于语言的词汇、语法、语音等方面存在差异。这些差异会导致难以进行语言之间的准确翻译和表达（丁芝慧，2022）。例如，英语中的"blue"可以表示蓝色，引申为忧郁的情绪，但在汉语中这两个意思需要用不同的词语来表达。文化差异涉及人们的价值观、信仰、习惯、行为方式等方面。例如，中华文化注重"以和为贵"，强调人与人之间的和谐相处，而西方文化中则强调个人的独立和竞争。

　　为了应对语言和文化差异带来的挑战，译者需要采用适当的方法和策略。在处理文化差异时，可以通过深入了解不同文化之间的差异，采取尊重、包容、妥协等方式来化解文化冲突和误解（丁芝慧，2022）。如前所言，文化翻译传播遵循国际惯例和受众习惯，旨在争取跨文化的认识、理解与支持。文化翻译传播为天府文化寻找立足点及发展空间，扩大其在全球文化格局中的影响范围，加快天府文化走向世界的步伐，促进天府与不同地域间的经济、政治、科技、文化等领域的交流（陈诚，任雪花，2016）。天府文化具有自身特定的价值系统、思维方式、社会心理和审美情趣，以及其他文化形态，特别是和西方文化形态相比，有其自身独特的价值内涵。天府文化翻译传播紧贴时代发展，服务中华文化"走出去"的需求。当下天府文化翻译传播量大面广，从翻译研究的现实关怀而言，"一带一路"背景下的天府文化翻译传播研究应进一步关注多元领域的应用翻译。

二、文化翻译传播的实施方法

笔者认为国际话语体系对天府文化翻译传播的实施方法带来了启示。习近平总书记阐述的中国对外话语体系具有以下六个方面的内涵：以"和而不同"为哲学基础，以平等、互鉴、包容为文明观，以互利共赢为经济观，以和平、和睦、和谐为中国发展观，以"达则兼济天下"为国际责任观，以求同存异、和平共处为方法论（仲伟合，2014）。这六方面的内涵给天府文化翻译传播的实施方法提供了以下启示：一是话语体系告诉我们，应该从国家文化发展和国家战略高度理解天府文化翻译传播的重要性和紧迫性；二是天府文化翻译传播的目标并不是要凌驾于世界其他民族文化之上，而是要自立于世界民族文化之林，成为世界各民族文化大家庭中的平等一员；三是天府文化翻译传播要采取自信、平等、互鉴、包容、友好、和平的态度，以此展现天府文化的文明风范；四是在天府文化翻译传播的过程中，不可避免地要学习、借鉴世界各民族文化之长，以此丰富天府文化内涵，这种学习和借鉴并不意味着失去自我，天府文化融入中华文化，具有"和而不同"的智慧，独立自主始终是中华文化应有的品格。具体来说，天府文化翻译传播有以下四方面的实施方法。

1. 了解原文的语言特点

天府文化翻译传播文本材料通常具有丰富的文化内涵和历史背景，翻译时需要准确理解原文的语言特点，确保传达文章的文化和历史价值。在进行文本的翻译前，需要对原文进行充分的阅读和理解，了解原文所具有的文化内涵和历史背景，以及原文的语言特点和表达方式。在实践中，文化翻译应尊重原文化，避免扭曲和误解；注重语言和文化背景的转换，确保翻译准确和恰当；结合实际情况和天府文化背景，合理运用文化翻译策略，提高翻译质量和效果。

2. 选择合适的语言风格和表达方式

中外语言的表达方式和语言风格有很大的差异，翻译时需要根据原文的语言风格和表达方式进行适当的调整和转化，确保翻译的准确性、完整性和语言流畅度。天府文化翻译传播文本通常需要使用一种较为正式的语言风格，但也需要根据原文的表达方式进行适当的调整和转化。同时，文化翻译传播需要建立有效的效果评估和反馈机制，对文化翻译传播的效果进行监测和分析，及时调整策略和表达方式，提高传播效果和质量。

基于语料库的翻译研究也值得关注。英国著名的翻译理论家蒙娜·贝克在 1993 年发表的论文中首次提出，语料库的研究方法将会对翻译研究带来直接的影响，并诠释了语料库用于翻译研究的理论价值及其应用价值（转引自曾衍文，2018）；1996 年，她正式提出语料库翻译学为全新的译学研究领域（转引自管新潮，陶友兰，2017）。自此，语料库翻译学的研究在国内外迅猛发展，主要体现在多种大型翻译语料库先后建成并投入使用，相关的语料库翻译学论著相继出版，同时出现了大量研究论文（冯敏萱，2011）。就语料库翻译研究而言，目前将天府文化翻译传播与语料库结合的研究并不多见。国内外高等院校和科研单位开发的平行语料库大多是通用的双语平行语料库和用于文学翻译的平行语料库，而面向特定行业文化传播用途的语料库则比较少见（胡琰琪，2023）。由此，天府文化翻译传播研究，尤其是基于产业行业语料库的翻译研究和成果尚少，有待进一步深入探索。

3. 注意文化背景和认知

天府文化翻译传播文本涉及的文化背景和认知往往与国外的文化背景和认知有很大的差异。翻译时需要考虑这些差异，并在翻译中进行适当的调整和说明，避免因文化差异而引起的误解和歧义。翻译过程中的文化参与需要注意中外文化背景和认知的差异，包括目标读者的背景和文化认知，运用目的语文化易于接受的表达方法，并进行适当的调整和说明，以确保翻译通俗易懂。同时，在全球化时代推动天府文化全面、系统的翻译传播，需要关注相关的译者群体身份及相关实践成果的有效认定，考虑目标读者的背景和文化认知。如前所述，天府文化是成都市的代表性文化，具有深厚的历史和文化底蕴。在翻译过程中，需要考虑如何准确传达其文化底蕴、内涵和特点，同时使翻译文本与目标语言和文化环境相适应。例如，对于"天府之国"这一词语的翻译，有多种不同的方式。方案一是"Land of Abundance"，方案二是"Country of Heavenly Treasures"。

方案一"Land of Abundance"比较常用。其中，"land"表示土地或国家，"abundance"则表示富裕、丰饶，两个词的组合恰好传达了"天府之国"的含义。这个译法比较简洁，符合英文表达习惯，易于记忆和传播。

方案二"Country of Heavenly Treasures"也不错。其中，"country"表示国家，"heavenly"表示天堂般的、超凡脱俗的，"treasures"表示宝藏、珍品，三个词的组合则强调了"天府之国"的神秘和宝藏般的特点。这个翻译方案更有诗意和文化内涵，同时也更个性化。

在选择翻译方案时，需要考虑目标读者的文化背景和认知。如果目标读者是以英语为母语的人士，那么方案一可能更加适合，因为它更符合英语表达的习惯和规范。如果目标读者是对中华文化有一定了解的人士，那么方案二可能更加吸引人，并且更能够准确地传达天府文化的特点。当然，最终选择哪种翻译方案还要根据具体情况进行权衡和决策。

4. 对文化因素的选择和处理

这里以部分民族文化特色词及其译文、大量归化与异化相结合的翻译为实例进行说明。对旅游景点的翻译：青羊宫（Qingyang Taoist Temple）、望江楼（Wangjiang Tower）。对地名的翻译：荷花池市场（Hehuachi Market）。对典籍的翻译：《隆中对》（"Strategies and Plans Offered to Liu Bei by Zhuge Liang in Longzhong"）。对文化产品、文化形象的翻译：蜀锦（Shu Jin，Sichuan embroidery）、交子（Jiao Zi，paper currency）、女娲（Nüwa，Goddess in ancient China）、西王母（Xiwangmu，Head Goddes）。对典籍内容及古诗词的翻译："时玉山出水，若尧之洪水，望帝不能治，使鳖灵决玉山，民得陆处"（At that time，Mt. Yushan had a terrible flood comparable to that happened in the Yao Emperor' time. Wang Emperor couldn't handle it. Therefore Bie Ling，the later Cong Emperor，was sent to excavate the water way of Mt. Yushan. Afterwards the people could live on the land）、"浣花笺纸桃花色，好好题诗咏玉钩"（Huanhua letter paper is as pink as peach blossoms，Good of writing poetry praise the crescent）。上文为英译过程中归化与异化相结合的示例，译者在文化翻译的过程中，在通顺度、可读性与可接受性都不受影响的情况下，尽可能地向目的语读者介绍并推广天府文化（陈诚，任雪花，2016）。

三、文化翻译传播的过程性构建

文化翻译传播研究融合翻译学、传播学和文化学等学科理论，旨在建构语言服务过程。在国际社会中，语言服务主要指专业翻译活动，包括科技翻译、会议口译、字幕翻译、本地化服务等。19世纪60年代，跨国公司的出现是语言服务行业形成的原动力。自2013年以来，笔译、网站国际化、软件本地化、现场口译、翻译本地化等都是语言服务市场增长最快的业务领域。随着语言服务内容的多元化，语言服务企业也进行了重要调整，语言服务的专业性逐步增强。本地化行业的兴起催生了翻译市场的繁荣，全球化与信息技术的飞速发展促使翻译成为一个新兴产业——语言服务产业。语言服务系统包括翻译与本地化服务、语言技术工具开发、语言教学与培训等内容，系统内的诸要素互为前提，相互关联（郭晓勇，2010）。信息化语言服务产业的健康运行和发展需要高素质本地化人才的支撑。高层次、应用型、专业化翻译人才的培养要求翻译人才培养机构调整教育理念、教学模式、教学内容、教学手段等，使人才培养走上系统化、专业化道路。全球化视角下的翻译服务产业和翻译实践的社会现实复杂性直接关系到翻译社会功能的发挥，因此要以语言服务业发展为例，丰富翻译社会学（杨晓华，2011）。2014 年，王传英提出"政产学研"相结合的办学模式。2019 年，蔡基刚提出高校翻译专业范式转移，即从翻译专业转向语言服务专业。

基于此，借鉴"国际翻译传播能力"概念，即一国在国际关系准则约束下，借助翻译参与，将客观上有利于本国利益、形象塑造、国际话语建构等信息转化为用外语表征的信息，并通过有效媒介在他国得以传递、接受和进一步获得反馈的能力（任文，赵田园，2023），本书提出翻译传播的文化策略过程性构建应包括四个维度的考量。

（1）文化翻译传播的理念。秉持和谐的文化传播理念，建构文化传播的全新跨文化思维路径。由此，构建文化翻译传播环境，从政治、文化、经济、体制等领域全方面创造有利于文化传播的稳定环境（仲伟合，2014）。

（2）文化翻译传播的内容。巩固文化根基，挖掘文化内涵和自身文化的认同感，打造和挖掘具有世界吸引力的中华文化翻译传播内容。

（3）文化翻译传播的渠道。整合多元化的翻译传播渠道，促进传统翻译传播渠道的革新，发挥新兴渠道的优势。同时，重视文化翻译的有效传播对象及文化翻译传播反馈，尊重文化翻译传播中传受双方互动且互为编码、译码、解码的循环规律，做好文化翻译传播的效果评估和传播受众的意见反馈，并为传播双方所共享。

（4）文化翻译传播的产教研融合。在经济全球化下，翻译传播的文化策略实质是以语言为媒介，不断适应经济发展的规律，把握机遇（唐巧惠，2017）。国家坚持优先发展教育事业，对于英语人才的培养，强调学生要有扎实的英语基础，能够进行翻译、交流，并具备宽广的知识面和良好的综合素质（唐巧惠，2017）。行业协会也在发挥自己的作用，如中国翻译协会定期发布《中国语言服务行业发展报告》（2020 年题为《中国语言服务发展报告》），对天府文化翻译传播具有重要借鉴意义。由此，加大翻译专业人才培养力度，推进产教研深度融合，是天府文化翻译传播过程性构建中的重要举措。

小 结

随着全球化进程不断加快，如何更好地实施天府文化翻译传播是一个值得深入研究的理论和实践课题。面临市场化翻译传播实践的变化，学界开始将视线聚焦于语言服务产业、行业和企业，涉及语言服务需求和行业现状、翻译传播人才需求和培养、本地化管理、翻译项目管理等多个方面。就翻译研究的现实关切而言，"一带一路"背景下的天府文化翻译传播研究也开始聚焦传播文体的翻译研究，助推中华文化在全球化时代的全面、系统翻译传播（傅敬民，喻旭东，2021）。在应用翻译研究的新领域，语言服务市场和翻译传播行业管理与发展受到关注，但还缺乏对天府文化翻译传播全面、系统的探索，产教研融合研究视角的关注不够。

基于对文化翻译传播的研究理论和实施方法的探讨，本书第二章"天府文化翻译传播的实证研究"将采用上述过程性构建环节，探究天府文化代表性领域翻译传播的理念、文化翻译传播的内容、文化翻译传播的渠道、产教研融合的文化翻译传播。

第二章　天府文化翻译传播的实证研究

　　文化翻译传播是天府文化传播和交流的重要方式。如前所述，国家和政府在天府文化代表性领域，如茶文化、旅游文化、非遗文化、休闲文化等方面，都有具体的政策规划和实施行动。本章通过对天府文化翻译传播的英汉双语文本分析，探究天府文化翻译传播的过程性构建。英汉双语文本案例主要来自 *HELLO CHENGDU* 双语期刊中涉及天府代表性文化的内容，包括茶文化、旅游文化、非遗文化、休闲文化。本章将探究天府文化翻译传播理念、文化翻译传播内容、文化翻译传播渠道、产教研融合的文化翻译传播。

第一节　天府茶文化翻译传播研究

　　茶文化是成都地区的一种特殊文化现象，是成都市的代表性文化之一，具有深厚的历史和文化底蕴。天府茶文化的翻译涉及许多方面，如历史、文化、艺术、习俗等，我们可以从地域、历史、个性等层面深挖天府茶文化翻译传播的理念、内容、渠道和产教研融合的文化翻译传播。

一、天府茶文化翻译传播的理念

1. 本土化茶文化传播

　　茶文化历史悠久，是中国传统文化中的重要内容。茶文化是劳动人民在长期生活中发现并提炼出来的文化，本土化的元素使得文化传播存在一定困难。在以往的翻译过程中，译者介绍专业词汇多是直译，并不是按照西方思维进行翻译，翻译的内容可能会使其感到困惑，西方人难以对中国茶文化产生兴趣（姜欣，宁全，2021）。茶文化包括茶馆文化、制茶技艺、饮茶等思想内涵，对成都人有着重要意义，但是受众没有接触过茶文化，再加上翻译后的内容难以理解，使成都茶文化难以被接受。想要推动天府茶文化传播效果，需要规范翻译方法，促进茶文化传播。

2. 中西茶文化内涵理解差异较大

中西方对茶文化内涵理解的差异较大，主要体现在以下三个方面。

（1）茶叶主要发源地的文化差异。天府茶文化发展历史悠久，追溯茶文化的发展历史可见，成都不仅有茶叶发源地，更是融合技术和工艺等的发展，推动川茶文化形成不同层次的新局面。茶文化与天府文化相互交融，与其他传统文化协同发展，成为具有代表性的文化之一。而西方的茶文化，则是 17 世纪经丝绸之路引进的，可以说从茶文化起源和发展历程上，中西方存在较大差异。

（2）茶叶类型偏好的不同。茶叶种类丰富，天府茶叶产出地较多，不同地区的茶叶口味呈现不同的特色。在发展过程中，川茶形成了多样化的品种类型。而部分西方国家偏爱口感醇厚的红茶，将其看作生活中的必需品。尽管喜好不同，但是从茶文化角度来看，中西方对茶叶的不同喜好并不影响茶文化的传播和交流。做好翻译工作，推动天府茶文化发展，茶叶销售也有较大的市场空间。

（3）茶文化交流方式的差异。饮茶在成都有较为完整的发展历史，各地形成独具特色的交流方式，以茶会友成为现代成都人的待客之道。茶代表朋友间的情谊，反映了中国文化仁和的内涵。西方国家品茶多是配餐饮用，或在进行商业方面的业务交际时饮用。由此，部分译者对茶文化的翻译多集中在出口贸易、茶叶货品方面，主要是为了带动茶叶销售，根据产品特点对茶文化进行翻译。还有部分译者根据文化发展背景等进行翻译，并且结合西方文化和理解能力，丰富茶文化翻译的内容，有助于天府茶文化传播。

二、天府茶文化翻译传播的内容

1. 茶文化的核心内容

天府茶文化翻译传播首先需要明确茶文化的核心内容。通过对天府茶文化核心内容的翻译传播，巩固天府茶文化根基。茶文化的核心内容是在茶事活动中融入哲理、伦理、道德，通过品茗来修身养性、陶冶情操、品味人生。

【案例 2-1】

"花粉"们在蒙顶山山脚赏梅花逛市集、体验颂钵疗愈、研习茶道香道，流连于春日的风雅诗意。酒店特别开设的"晨曦太极"体验也让人印象深刻。清晨时分，太极老师带大家静神、运气、推手……学习一套完整的青城派太极拳，感受动与静、身与心的二合一。

The "Flower Fans" admired plum blossoms, visited markets, experienced the singing bowl therapy, explored the tea ceremony, and lingered in the poetic atmosphere of spring at the foot of the Mengding Mountain. "Taiji at Dawn," an item specifically offered by the hotel, was remarkably impressive. Guests can, under the guidance of a Taiji teacher, calm their mind, direct their strength, and stretch their hands in the early morning to learn the ins and outs of Qingcheng Taiji and feel the harmony between movement and quietness and between the body and the mind.

（节选自《韶光正好，青青茶香》，
HELLO CHENGDU，2022 年第 4 期）

在上述案例中，蒙顶山茶文化翻译传播的核心内容体现为研习茶道（explored the tea ceremony）、赏梅花（admired plum blossoms）、逛市集（visited markets）、体验颂钵疗愈（experienced the singing bowl therapy）、春日的风雅诗意（the poetic atmosphere of spring）的融合，有助于外国人士感受天府茶文化带来的修身养性、陶冶情操的文化内涵。

2. 茶文化行为

天府茶文化翻译传播在不同的历史背景下有着不同的发展，形成了对茶道、茶画、茶艺等一系列茶文化行为的翻译实践。对天府茶文化行为的翻译传播，也有助于天府文化的传播。如案例 2-2 中文殊坊主办的"她和 TA，相映成趣"女性主题沙龙活动，就是有关茶文化的行为体验活动。

【案例 2-2】

国家级非物质文化遗产刘氏竹编传承人朱琳、中国工艺美术大师——中国非遗项目"成都漆艺"传承人杨莉尔倩，就"职场女性的挑战和机遇""女性的自我价值"等话题分享观点与经验。随后，活动现场还举办了香牌和点茶等体验活动。

Zhu Lin, the inheritor of the national intangible cultural heritage Liu's Bamboo Weaving, and Yang Li'erqian, a Master of Chinese Arts and Crafts and the inheritor of the Chinese intangible cultural heritage project Chengdu Lacquer Art, shared their views and experiences under the titles of "Challenges and Opportunities for Women in the Workplace" and "Women's Self-worth." After that, the event organizer provided such experiencing activities as "xiangpai" (a Song-dynasty tea making method) and "diancha" (the making of herbal badge of honor).

（节选自《韶光正好，青青茶香》，

HELLO CHENGDU，2022 年第 4 期）

案例中，香牌和点茶等茶文化体验活动使用"音译+意译"的方式："xiangpai"（a Song-dynasty tea making method），"diancha"（the making of herbal badge of honor），传统的天府茶文化体验活动与时尚的女性话题相映成趣。

3. 茶文化的外显符号

促进中外茶文化交流时，要重视茶文化载体的翻译传播与体现。茶文化翻译传播外显符号体现在茶具、包装等方面，这也是天府茶文化翻译传播过程中比较直观的展示部分。因此，在翻译传播中应强调外显符号，带给受众更直观的文化感知。比如，将带有天府茶文化特色的茶叶包装传播到国外，可加深受众对天府茶文化的印象。

2023 年四川省政府工作报告强调"发展现代高效特色农业"。在此背景下，四川省政协委员、川茶集团党委书记、董事长颜泽文强调天府茶文化的创新在于品牌打造，例如，四川省级茶叶区域公用品牌"天府龙芽"，是天府茶产业培育的一大重点工作方向。换句话说，"天府龙芽"公用品牌代表了天府茶文化的外显符号，可以作为未来天府茶文化翻译传播的重点对象。

三、天府茶文化翻译传播的渠道

1. 统一翻译标准，促进文化翻译的有效传播

天府茶文化翻译要基于受众的理解和认可，这样可以加速天府茶文化在国际的传播。翻译时应保证内容的个性化，吸引受众。部分专业术语应参考权威翻译或官方翻译进行翻译，避免出现受众难以理解的现象。天府茶文化是在饮茶活动中形成的文化特征，并在不同活动中发展。例如，茶艺茶道、茶事表演等活动体现天府茶文化的核心价值。将天府茶文化以故事的形式翻译到其他国家，能够带给受众新奇的体验。如案例 2-3 中蒙顶山茶故事的翻译呈现。

【案例2-3】

爱茶的成都人想与蒙顶山茶"亲密互动"，乘几站地铁就行——位于金牛区茶店子片区的茶文化公园，是成都市首个以茶文化为主题的市政公园，其中就辟有一处蒙顶山茶园。公园中可以见到野生茶、福鼎大白、老鹰茶等多种茶树，若有活动，也开放茶叶加工、茶艺学习等项目，让人在市区内就能体验传统制茶技艺。如果只是游玩，也能在园中"点题"茶文化的各类元素中找到带着巧思的细节：呈现茶马古道的风霜和长嘴壶茶艺的动感的雕塑，诉说茶文化故事的壁画，甚至连地板上，都镶嵌着茶壶图案。

It's convenient for any tea lover in Chengdu to get a taste of the tea from Mengding Mountain—just by taking metro to the Tea Culture Park located in Chadianzi, Jinniu District. It is the first municipal park around tea culture in Chengdu, with a Mengding Mountain tea garden. There are a variety of tea trees such as wild tea, Fuding Dabai, and Laoying tea. It also provides programs about tea processing and tea ceremony for urban visitors to experience the traditional tea making skills. Fun-seekers will see details of ingenuity about tea culture in the park: the dynamic sculptures demonstrating the ancient tea-horse road and the art of long-mouth teapots, the murals telling the story of tea culture, and even the floors inlaid with teapot patterns.

（节选自《韶光正好，青青茶香》，
HELLO CHENGDU，2022 年第 4 期）

案例采用直译的方式，直接将"蒙顶山茶"翻译成"Mengding Mountain tea"，激发受众对茶叶的好奇心，又如案例中的福鼎大白、老鹰茶（Fuding Dabai, Laoying tea），探究茶叶的内涵和由来。受众也能基于茶叶故事背景：茶马古道、长嘴壶茶艺雕塑、茶文化故事壁画（the dynamic sculptures demonstrating the ancient tea-horse road and the art of long-mouth teapots，the murals telling the story of tea culture，and even the floors inlaid with teapot patterns），加深对茶文化的理解，促使传播效果提升。

2. 整合多元化的茶文化翻译传播渠道

中西方国家的茶文化存在差异，这与当地人文因素、文化背景有着密不可分的关系。在实际翻译过程中，应注意多元文化差异，使译文能够起到加深受众对茶文化的理解的作用。如案例 2-4 中成都采茶节茶娱项目翻译。

【案例 2-4】

作为数届成都采茶节的举办地，每逢春季，成佳茶乡那一眼望不到尽头的万亩新茶和丰富的茶娱项目都做好了为游人"接风洗尘"的准备。这时候，人们可以在茶庄中品茶、欣赏茶艺表演，也能和亲朋好友在茶海中比一比采摘鲜芽、手工制茶的"功力"。这里依傍天府绿道和林盘景区，采完茶后，无论喜欢骑行还是步行的人，都能在春日的花与林中养眼。饿了的话，茶乡六合鱼、香橙兔、跑山鸡等特色美食的鲜香足以让人味蕾绽放。

Chengjia Tea Village，where several Chengdu Tea Picking Festivals were held，boasts a massive area of tea trees and provides tea related entertainment for visitors every spring. People can taste tea and enjoy tea performances in the tea house，and compete with family and friends on picking fresh buds and making tea by hand. It is adjacent to Tianfu Greenway and Linpan Scenic Area. After the tea-picking event，people who like cycling or walking can enjoy the flowers and forests in spring. The special local delicacies such as Liuhe fish，orange rabbit， and free-range chicken meat are a delight for the taste buds.

（节选自《韶光正好，青青茶香》，

HELLO CHENGDU，2022 年第 4 期）

在上述案例中，手工制茶译为"making tea by hand"，泡茶也译为"make tea"。译文与受众用语习惯不相符，导致理解出现偏差。为了避免翻译出现理解错误，译者要从受众思维习惯出发，关注各国文化差异，将翻译内容转化成受众理解的表达方式。西方国家对于茶的理解不局限于茶，部分西方国家有喝下午茶的习惯，如英国茶文化源于下午的茶话会活动，人们通常会在这一时间段饮用香醇的红茶，并配置甜品等配合红茶食用。因此，我们所说的"English tea"并不是指英国的茶叶，而是指一种喝茶方式。由此，下午茶也成为当地人的一种生活习惯和态度。而天府茶文化中，早茶、下午茶、晚茶也会搭配当地的食物一同食用，如案例中的茶乡六合鱼、香橙兔、跑山鸡等特色美食。认知和文化差异造成的翻译差异会影响天府茶文化的翻译传播，只有充分结合受众的认知习惯，才能更自然地将天府茶文化翻译传播给受众，丰富世界茶文化，促进茶文化传播。

3. 合理选择翻译技巧

在茶文化翻译传播过程中，采用音译、直译的方式，更有助于直观展示想要翻译的内容。直译法能够保持文化原有内涵，根据茶文化的背景直接翻译，彰显茶文化的特色；音译法能够激发受众的探索兴趣，从而增强文化在国际的传播影响力。如在案例 2-5 中，夹关古镇茶山、邛茶等都可以音译为"Tea Mountain in Jiaguan Ancient Town""Qiongcha"。意译法则是结合文化差异，利用翻译技巧，展示天府茶文化的特征，如烟雨江南译为"the beautiful scenes from regions south of the Yangtze River"。

【案例2-5】

人文同赏：夹关古镇茶山

走进拥有两千多年历史、临水而建的夹关古镇，给人的第一感觉是清幽——春雨一洗，朦胧中的古街、石桥、绿叶，立刻让人以为自己误入了"烟雨江南"的古典画卷。而除了留存古风的美景，这里也是四川茶马古道和南丝绸之路上的重要驿站，和邛崃主要的产茶地之一。踏入古镇南岸的茶山，一行行层叠翠色沿山排布，正像大自然留下的宏伟指纹。等你戴上斗笠，背上茶篓，走入这些纹路里，在虫鸣中体验一次采茶，就融入了这片自然中。若是累了，前行不远，登上邛茶绿道旁的"茶田露珠"，远眺山色、捧书品茶，体验茶博研学，也别有一番茶香般的醇厚滋味。

Appreciation of Culture：

Tea Mountain in Jiaguan Ancient Town

Jiaguan Ancient Town, which has a history of more than 2,000 years and sits by the water, first impresses visitors with its tranquility—the ancient streets, stone bridges, and green leaves wrapped in mist after the spring rain will immediately remind people of the beautiful scenes from regions south of the Yangtze River. Other than a place of beautiful, antique scenery, it is also an important post on the Ancient Tea Horse Road in Sichuan and the Southern Silk Road, and one of the main tea producing areas in Qionglai. The tea mountain on the south bank of the ancient town features layers of verdant shades, like the nature's fingerprints. You may blend yourself into the nature by putting on a bamboo hat, carrying a basket on the back, walking into the scenes, and experiencing tea picking amidst the sound of insects. If you are tired, "Chatian Luzhu" near Qiongcha Greenway is a good choice, where you can overlook the mountains, read books, taste tea, and learn about tea to refresh the mind.

（节选自《韶光正好，青青茶香》，
HELLO CHENGDU，2022 年第 4 期）

4. 以文化自信创新翻译

翻译建立在领悟的基础上，才能更清楚地表达文化内涵。全面了解天府茶文化，才能用更恰当的翻译技巧将文化思想译出。这需要译者进一步学习天府茶文化知识，参与实践活动，树立文化自信，构建茶文化知识体系，推动天府茶文化翻译传播与跨文化交流。在实际翻译过程中，译者可以借助信息化思维创新翻译渠道。茶文化具有和谐、仁和等思想内涵，译者要结合受众的思维理念，对天府茶文化的思想内涵进行合理翻译。

四、产教研融合视角下的天府茶文化翻译传播

天府茶文化翻译传播需要专业的翻译人才。在产教研融合视角下，对于高校教育工作者而言，要在翻译教学中引入天府茶文化，加强对翻译人才的培养，为天府文化翻译传播培养专业人才。教师共享茶文化翻译资料，提升学生的翻译能力；多方协力构建天府茶文化资料库，形成规范化的茶文化术语翻译标准，避免译者主观理解因素导致一词多译现象；鼓励学生与留学生进行充分交流，提升留学生对茶文化的理解，促进各国学生的文化交流。此外，教师在研究天府茶文化时，应选择核心内容，用于完善翻译体系，提高学生的翻译能力，促进国际茶文化良好交流。高校还可以组织教育工作者编写天府茶文化相关的教材，与行业翻译宣传资料相结合，促进产业、教学与文化的融合。在教材编写过程中，茶文化作为中国传统文化，需要教师结合文化翻译传播的实际情况，将重点放在文化内容上，形成产教研共同发展的新局面，为茶文化翻译传播奠定基础。

产教研深度融合的天府茶文化翻译教学应用目前处于探索和讨论阶段，下文将从翻译案例教学、网络学习平台和第二课堂三个方面进行阐述和举例。

1. 翻译案例教学

翻译案例教学是最基本、最重要、最稳定的翻译传播教育活动之一。为了培养天府茶文化传播所需的翻译人才，教师在课堂设计中应该注意教学目标的确定和教学方法的灵活运用。

一是明确教学目标。教师要注意挖掘天府茶文化翻译资源，在现有教材的基础上补充双语案例，在丰富教学内容的同时将天府茶文化和川茶精神通过不同形式传递给学生，激发学生的民族自豪感和创新意识，引导学生树立正确的价值观。教师在教学设计中融入天府茶文化教学目标，通过头脑风暴（brain storming）、阅读（reading）、小组活动（group work）、主题演示（presentation）等课堂任务，将教材中的单元教学活动元素与天府茶文化翻译资源整合成一个或多个学习任务，使语言技能训练依托于天府茶文化内容。例如，在教材《21世纪大学英语》的第一单元"College Life"中，教师用书提供的参考教学目标为：After studying this unit, students are expected to be able to talk about their college life, master the new words and expressions, be familiar with English word formation, review the five basic sentence patterns and tenses in English, learn how to write notices and posters. 在融入天府茶文化翻译资源后，该单元的教学目标可以确定为：After studying this unit, students are expected to be able to talk about their college life, the culture of Tianfu Tea, and experience of Tianfu Tea spirit; master the new words and expressions, and use the translation resources of Tianfu Tea culture to make examples and do practices; be familiar with English word formation; review the five basic sentence patterns and tenses in English, and use the translation resources of Tianfu Tea culture to do practices; learn how to write notices and posters, combined with the translation resources of Tianfu Tea culture.

二是教学方法的选取。如前所述，目前课堂教学方法主要采用任务教学（task-based teaching）、情景教学（situational teaching）、案例教学（case teaching）、小组合作（group cooperation），借助课程线上平台、大数据资源和信息化手段，结合线下翻译教学，从而达成教学目标（仇全菊，宋燕，2021）。教师通过天府茶文化翻译资源内容，对比中西方语言与文化，培养学生的家国情怀和文化自信，以达到传承天府茶文化的教学目标，即语言知识传授、价值观和人生观引领、语言和文化能力提升、茶艺与茶道精神相结合的培养。教师在原教材基础上适当补充天府茶文化翻译资源，改变传统课堂以阅读、讲授为主的教学模式，在以头脑风暴为知识导入、训练学生语言能力的同时，激发学生已有语言知识和生活经验，让学生进行模仿练习和职业场景实训（仇全菊，宋燕，2021）。阅读课教师提前布置预习任务，要求学生进行小组研讨和话题演示（仇全菊，宋燕，2021）。教师可以通过词汇造句、替换练习、英汉互译等方式训练学生，提高其语言知识、语言技能，掌握天府茶文化知识。在写作课上，教师可以结合天府茶文化翻译资源，训练学生的思维能力、表达能力和翻译专业技能；可以采用情景教学和案例教学，根据特定情境，如根据新媒体设计等岗位的工作需要，开展微型讨论（small talk）、实践写作（practical writing）等教学活动，用案例呈现教学内容，学生可以通过小组研讨、话题演示等形式完成学习任务（仇全菊，宋燕，2021）。在拓展课程上，教师可以安排语法练习和天府茶文化双语文本阅读，选取与课文主题相关的中英双语资料，注重天府茶文化传承，加强对学生自主学习、职场沟通和跨文化交流能力的培养。教师要借助天府茶文化翻译资源引导学生增强文化自信，坚持中国立场，拓宽国际视野，掌握必要的跨文化知识和一定的跨文化技能。

三是分析行业翻译案例。这对翻译教学的整个过程起着总结与评价作用。通过合理的分析和评价，教师可以更好地发现问题，总结经验，从而更好地发挥案例教学的作用（刘榕，2020）。在这个过程中，教师要尊重学生的主体地位，调动学生的积极性，教师起引导、指导作用。案例分析可以先以小组的方式进行，通过小组讨论，总结小组意见，然后推荐一位代表对小组的分析过程、思路、原因、结果进行阐述。例如，在关于"天府茶走出四川，走向世界"的话题演示教学活动中，教师引导学生关注"天府龙芽"的话题，让学生深度挖掘这一话题的文化内涵；通过小组讨论和话题演示，学生展示天府茶文化品牌元素背后的故事。如前所言，四川省级茶叶公用品牌"天府龙芽"早已有积极探索，"天府龙芽"品牌代表了天府茶文化的符号内涵，应该作为天府茶文化传播的重要内容。中共中央、国务院印发的《成渝地区双城经济圈建设规划纲要》明确提出"推广天府龙芽等特色品牌"。教师对于学生的分析要加以鼓励，激发学生学习兴趣，调动学生主观能动性，引领学生不断创新。

2. 网络学习平台

"超星学习通"是超星集团研发的移动学习应用程序。它立足信息化与各学科学习的深度融合，让学生可以在线上学习各类课程，共享课程资源（仇全菊，宋燕，2021）。鉴于"超星学习通"资源共享的特点，教师可以依托"超星学习通"打造大学英语、专业英语、商务英语在线课程。例如，可以建造"天府茶文化翻译资源库"，通过"超星学习通"平台呈现天府茶文化翻译资源，实现资源共享。学生可以在线上自主学习，利用平台灵活的特点促进课程学习。

3. 第二课堂

教师可以在第二课堂中融入天府茶文化翻译资源，为开展天府茶文化教育提供材料：一是通过茶艺活动、茶道精神宣讲，促使学生积极参与天府茶文化双语传承宣传交流，在活动中了解天府茶文化、认同天府茶文化；二是加强课内外英语竞赛系列活动建设，通过组织各种英语竞赛活动，如"用英语讲天府茶故事""天府茶文化主题英语演讲比赛"等，提高学生的英语综合应用能力，以赛促教；三是加强"learning+practising"的实践教学，借助英语社团开展天府茶文化主题宣传活动，如天府茶文化主题的故事分享会、茶艺公益演出等，提升学生的天府茶文化翻译实践能力。

第二节　天府旅游文化翻译传播研究

天府旅游文化翻译传播需要考虑天府文化与旅游资源的融合，才能充分发挥天府地区丰富的旅游资源优势，深入挖掘天府文化内涵，全面推进天府文化旅游深度融合发展，加快构建天府文化旅游产业体系，让旅游产业为天府文化翻译传播助力。由此，建构天府旅游文化翻译传播的理念和内容需要关注目标读者的背景和文化认知，着力创新翻译传播渠道，紧贴产教研融合的文旅翻译传播。

一、天府旅游文化翻译传播的理念

1. 拓展天府旅游文化翻译传播途径

天府旅游文化翻译传播有助于进一步增加成都缔结友城数量，提高交往质量，扩大友城覆盖面。拓展天府旅游文化翻译传播途径，可以加强与国际友好城市、国际机构、民间友好组织的双向文化旅游交流，搭建政府和市场间的文化交流平台，扩大双向文化旅游交流规模；引导翻译行业和机构开展"一带一路"沿线国家文旅翻译传播交流合作，建立合作机制；深度融入国家文化外交，开展多渠道、多形式、多层次的文旅文化翻译交流活动，积极争取在蓉举办国际层面的大型文旅推介活动。近年，成都市研究出台《成都市建设世界旅游名城行动计划（2021—2025年）》，制定印发《世界旅游名城建设2022年度工作计划》及相关计划，形成《成都市人民政府关于聚焦能级提升促进旅游业高质量发展情况的报告（代拟稿）》并提交市人大审议通过。成都将借助"东亚文化之都"这一"金字招牌"，举行独具特色的"东亚文化之都"成都年系列活动，增进与世界各地的文化和旅游交流，进一步落实"坚定不移推进文化繁荣兴盛，加快打造世界文化名城"战略部署，努力打造彰显中华文明魅力、天府文化特色的世界文化名城。

2. 提高天府旅游文化传播力度

翻译传播天府旅游文化精品有助于提高天府旅游文化的传播力度。天府旅游景点吸引游客的关键在于其民族风情和历史文化，翻译传播内容应将天府本地的历史故事、风俗习惯、景区特色等进行详细的介绍，使得外国游客对景区的地名由来及背后的故事有深刻的了解。打造天府旅游文化精品，要支持天府青城康养休闲旅游度假区提质升级，打造世界级旅游度假区，鼓励各区（市）县开展旅游度假区建设。重点打造天府精品旅游民宿集群，大力建设国际度假旅游胜地。积极引进国际知名品牌度假酒店，打造一批养生度假、乡村度假、生态度假旅游精品，构建世界级的、国际化的度假旅游产品体系。整合全市优质旅游资源，打造熊猫家园、文博研学、都市休闲等主题旅游精品线路。以"雪山下的公园城市·烟火里的幸福成都"城市品牌为统揽，推出大熊猫、古蜀文化、三国文化、诗歌文化、休闲文化、美食文化、时尚文化七个彰显成都文化旅游特质的国际品牌标识，大力提升成都文化旅游国际识别度和认可度。

二、天府旅游文化翻译传播的内容

1. 有国际影响力的文旅核心吸引物

聚焦世界级的旅游文化翻译传播核心产品。持续翻译传播大熊猫栖息地世界自然遗产、青城山—都江堰世界文化遗产、都江堰世界灌溉遗产和蜀锦世界非物质文化遗产等原有的世界遗产核心吸引物的内涵。作为"熊猫之都"，成都是全球唯一具有野生及圈养大熊猫资源的特大城市，这成为文化旅游纽约专场推介会的核心焦点（见案例2-6）。

【案例2-6】

"雪山下的公园城市·烟火里的幸福成都"文化旅游纽约专场推介会在中国驻纽约总领事馆举行。本次推介会以"熊猫家园"为主题，是2023年北美地区迎来的第一场中国城市推介活动，也是成都新一轮文化旅游全球推介第一站。成都以此为契机，向全球展示世界文化名城建设成果，彰显天府文化灿烂多彩。

"A Vibrant and Hospitable Park City with Snowy Mountain Skyline" — "Hometown of Pandas" 2023 Chengdu Culture and Tourism Promotion Reception was held at the Consulate General of the People's Republic of China in New York. With the theme of "Hometown of Pandas", it is the first promotion event held by a Chinese city in North America in 2023, and also the first stop of Chengdu's new round of global cultural and tourism promotion. Chengdu takes this opportunity to show the world the city's achievements of building a world-renowned cultural city and highlight the brilliant and colorful Tianfu culture.

（节选自《爱"熊"之城，与"熊"共生》，
HELLO CHENGDU，2022年第5期）

上述"熊猫家园"成都文化旅游纽约专场推介会的翻译文字，凸显了天府旅游文化核心产品"熊猫家园"（Hometown of Pandas），以此吸引世界游客感受"世界文化名城建设成果"和"天府文化灿烂多彩"（the city's achievements of building a world-renowned cultural city and the brilliant and colorful Tianfu culture）。成都熊猫国际旅游度假区着力打造具有国际范、中国味、天府韵的世界级休闲旅游胜地。

【案例 2-7】

28 年合作科研、建成海外最大大熊猫人工圈养种群——成都与白浜町的缘分就是从"永明"这只雄性大熊猫开始。1994 年 9 月，"永明"远赴日本开展全球首个"大熊猫国际科研繁育合作"项目。此后 28 年多，"永明"在中日双方科研人员精心照料下，成功繁育大熊猫幼崽 16 只，被誉为"英雄熊猫父亲"。

With 28 years of cooperation in scientific research, the largest group of captive-bred giant pandas has been formed overseas. The friendship between Chengdu and Shirahama began with the male panda "Yongming". In September 1994, "Yongming" was sent to Japan for "International Cooperation in Giant Panda Research and Breeding", the world's first of its kind. Over the next 28 years, "Yongming", well tended by Chinese and Japanese scientific researchers, fathered 16 baby pandas, and has been known as the "Heroic Father Panda".

（节选自《爱"熊"之城，与"熊"共生》，

HELLO CHENGDU，2022 年第 5 期）

案例 2-7 反映了天府旅游文化传播在科研领域的成功合作："永明"在中日双方科研人员精心照料下，成功繁育大熊猫幼崽 16 只，被誉为"英雄熊猫父亲"（"Yongming", well tended by Chinese and Japanese scientific researchers, fathered 16 baby pandas, and has been known as the "Heroic Father Panda"）。这样的成功合作带动了成都和白浜町友好交往升级。2020 年，四川省与日本和歌山县（白浜町的上级行政单位）异地签署友好合作关系备忘录。同年年底，成都市成华区与白浜町通过线上签约方

式缔结友好合作关系，双方以此次结好为契机，实现优势互补、共赢互利。特别是在近期，随着大熊猫"永明"离日回国，两地旅游文化交流又迎来新契机。

【案例2-8】

"由于多年生活在日本，日本民众对'永明'的感情特别深"，白浜野生动物园饲养员代表真柴和昌介绍，"这次听说它要回国，不少日本'熊猫迷'担心，'永明'回中国，吃住会不会不适应。于是，我们主动通过网络多发成都熊猫基地的照片和视频，让大家提前了解这边的情况，打消了担心。不少人还在网上留言：'感谢永明，有机会一定去成都看你！'"

"The Japanese people have a particularly deep affection for 'Yongming' because he had lived there for so many years," said Mashiba Kazumasa, a breeder at the Adventure World. "His fans in Japan worried if he could soon get used to local conditions after he returned to China. So we released photos and videos of the Chengdu Research Base of Giant Panda Breeding online to reassure them. Many people wrote online：'Thank you Yongming. I will visit you in Chengdu someday！'"

（节选自《爱"熊"之城，与"熊"共生》，
HELLO CHENGDU，2022年第5期）

大熊猫"永明"的案例是成都与白浜町故事的一个缩影："日本民众对'永明'的感情特别深"（the Japanese people have a particularly deep affection for "Yongming"）。天府旅游文化翻译传播有助于推进中日友好交往，例如，以三国、川剧、茶道等传统文化为主题，成都乃至四川与日本多地文化翻译传播与交流不断。如案例2-9中，在成都举行的"2022年中日青少年修学旅行交流研讨活动"取得良好反馈。

【案例2-9】

　　有与会嘉宾指出，成都是一座充满自然、文化和历史魅力的城市，拥有诸如诗人杜甫、川菜、大熊猫等日本国民也耳熟能详的旅游资源，是举办本次研讨活动的不二之选。

　　Some guests pointed out that Chengdu is a city of natural, cultural and historical charm that boasts abundant tourism resources familiar to the Japanese people such as the poet Du Fu, Sichuan cuisine, and giant pandas. It is the best place for hosting the seminar.

（节选自《爱"熊"之城，与"熊"共生》，

HELLO CHENGDU，2022年第5期）

　　在上述案例中，成都凭借"诸如诗人杜甫、川菜、大熊猫等日本国民也耳熟能详的旅游资源"（abundant tourism resources familiar to the Japanese people such as the poet Du Fu, Sichuan cuisine, and giant pandas），紧抓翻译传播产业发展窗口机遇，推动全球资源来蓉集聚。同时，成都也大力推进三国蜀汉城建设，加快三国文化研究展示中心改造提升，打造世界三国文化旅游目的地。基于拥有国际影响力的文旅核心吸引物，成都是联合国教科文组织授予的亚洲首个世界"美食之都"，被美国《国家地理》杂志评为"全球最佳旅游目的地"，实现天府旅游文化翻译传播助推天府旅游文化核心吸引物传播。

　　2. 发展差异化品质化的乡村旅游

　　依托乡村山、水、林、田、湖、草等生态资源，着力翻译推广一批A级林盘景区、乡村旅游度假区和生态旅游示范区，建设龙门山、龙泉山乡村民宿产业带，差异化布局温泉康养、禅修怡养、中药医养等乡村田园度

假产品。翻译传播蔬果采摘、亲子种植、动物喂养等农事体验业态，推介一批高品质的农业主题公园、市民农园和休闲农（牧）场，发展农事体验旅游（见案例2-10）。加强非遗资源的传承，深度翻译传播一批互动参与性强的乡土文化体验项目，以及乡村旅游精品点位和精品线路，全力推介成都美丽乡村国际"微度假"模式。

【案例 2-10】

阳春三月，除了桃花吐粉、梨花如雪，还有一种明艳的黄色也迫不及待地在成都渐暖的风中绽放。如今，成都观赏油菜花的玩法可谓多种多样，相关设施也日益完善，本月，就和我们一同走进油菜花绘成的田园画卷。

In the lovely spring month of March, bright yellow rape flowers bloom in the warm breeze in Chengdu together with pink peach blossoms and snow-white pear blossoms. Today, Chengdu offers a variety of ways and increasingly sophisticated facilities to appreciate rape flowers. This month, let us walk into the pastoral painting of rape flowers.

（节选自《油菜花黄，明亮一春》，
HELLO CHENGDU，2022 年第 3 期）

在案例2-10中，成都乡村以油菜花为媒，诚邀八方游客前来踏春赏花，激发目标读者对油菜花美景的好奇心。例如，案例中提到"成都观赏油菜花的玩法可谓多种多样，相关设施也日益完善"（Chengdu offers a variety of ways and increasingly sophisticated facilities to appreciate rape flowers）。

案例2-11和案例2-12集中反映成都精心筹备一系列趣味十足的"沉浸式体验"花田休闲娱乐活动，宣传天府美丽乡村国际文旅。

【案例2-11】

打卡成都油菜花美景，七彩乡村画廊是个不错的选择。盛放的油菜花沿坡生长，远远望去，就像滚滚金黄浪潮。拾级而上，可以在观景亭中"沉浸式体验"花田环绕之美，偶尔飞来采蜜的嗡嗡蜜蜂，则为眼前景色增添了来自大自然的耳边韵律。坡顶上的黄色风车，更是这田园风光的点睛之笔。

The Colorful Village Gallery is an ideal destination for locals to enjoy rape flowers on a short tour. The rape blossoms in full bloom grow along the slope, looking like golden waves from a distance. Walking up the stairs, visitors can immerse themselves in the beauty of flower fields in the viewing pavilion. The buzzing of honey bees adds a rhythm of nature to the scene. The yellow windmill on the top of the slope adds brilliance to this pastoral scenery.

（节选自《油菜花黄，明亮一春》

HELLO CHENGDU，2022年第3期。）

【案例2-12】

在大面积黄花的拥抱中，村中灰瓦白墙的建筑愈发凸显生活意趣，鲜亮的色彩也似乎为随手拍出的照片增添了油画的质感。如果想收获更多惊喜，不妨乘上小火车，以铁轨的咔咔声响为伴奏，在油菜花田中穿行。在小火车上向外张望，大片明黄与翠绿簇拥着花香不断袭来，这生机勃勃的场景，也正领着人们驶向春天。

Embraced by a sea of yellow flowers, the village buildings with gray tiles and white walls enhance the fun of life, and these bright colors make the scene even more picturesque. For more surprises, visitors can hop on a sightseeing train that clatters through fields of rape flowers. Looking through the window on the train, a large expanse of bright yellow and emerald green exuding the fragrance of flowers greets the eye, leading people to spring.

（节选自《油菜花黄，明亮一春》，

HELLO CHENGDU，2022 年第 3 期）

上述两个翻译案例关注了沉浸式乡村旅游文化的业态体验。乡村旅游与农业生产密切结合，二者和谐共进；即使乡村旅游的收入大于农业生产的收入，也不可对农业生产轻视、懈怠，甚至放弃。相反，要切切实实进行，一丝不苟经营，否则，如果将农业生产表演化，就会失去乡村旅游的原汁原味，削弱乡村旅游对外来游客的吸引力。在这里，游客亲眼看到生机勃勃的乡村："盛放的油菜花沿坡生长，远远望去，就像滚滚金黄浪潮"（the rape blossoms in full bloom grow along the slope, looking like golden waves from a distance）、"飞来采蜜的嗡嗡蜜蜂"（buzzing of honey bees）、"在大面积黄花的拥抱中，村中灰瓦白墙的建筑愈发凸显生活意趣"（embraced by a sea of yellow flowers, the village buildings with gray tiles and white walls enhance the fun of life）、"大片明黄与翠绿簇拥着花香不断袭来"（a large expanse of bright yellow and emerald green exuding the fragrance of flowers greets the eye）。

【案例 2-13】

形状规整的田地中，上万亩油菜花一眼望不到尽头。村舍建筑、蓝天云彩，将乡村景致描摹得更为入画。沿路前行，花海中亦有观景点位，以便游人近距离观赏与摄影留念。而如果想换个角度一览油菜花田的整体风貌，还可以搭上热气球，从空中将花田景致纳入眼底。

An endless sea of rape flowers bloom in the well-shaped fields. Village buildings, blue sky and white clouds constitute a stunning idyllic scene. Walking along the path, visitors can get a close look at and take photos of flowers at viewing spots. For a panoramic view, visitors can also take a hot air balloon ride to overlook the flower field from the air.

（节选自《油菜花黄，明亮一春》，

HELLO CHENGDU，2022 年第 3 期。）

案例 2-13 关注中西方旅游沉浸式文化体验，根据西方国家的旅游行为思维模式对天府乡村旅游文化进行推介："如果想换个角度一览油菜花田的整体风貌，还可以搭上热气球，从空中将花田景致纳入眼底"（For a panoramic view, visitors can also take a hot air balloon ride to overlook the flower field from the air）。

从当前旅游市场来看，乡村旅游已成为当下主要旅游形式之一。在这种背景下，对天府乡村旅游文化进行翻译传播显得更为必要，便于外来游客进一步加深对天府旅游文化的了解。成都近郊各县始终坚持"城乡融合、农旅融合"思路，全力争创天府旅游名县，大力推进全域旅游发展。例如，不断优化"访古养心""运动舒心""亲水润心""赏花悦心""修身静心"五大精品旅游线路，创建"公园水城""文化名城""体育新城"三大名片，开发"龚家山顶观日出""金堂山上赏夜景""五凤古镇看山江""鲜花山谷遇爱情"等旅游景区，全力打造"成都近郊休闲旅游胜地"。又如，三溪油菜花节活动现场精心设置了"花海驿站""十里芳华""绿野仙踪""花田美食街"等花田小景，为游客徜徉花海、娱乐小憩、品尝美食、购买特色农产品提供场地。同时，还策划了"花海橘乡"（油菜花启幕演出活动）、"悦动橘乡"（乡村音乐季活动）、"翱翔橘乡"（空中游览活动）、"星空橘乡"（花海露营活动）、"花间慢跑"（"大运有我·幸福成都"花间绿道慢跑）等乡村旅游体验系列活动，从而提升天府乡村旅游文化传播效果。

三、天府旅游文化翻译传播的渠道

依托海外中国文化中心、驻外使领馆文化机构和各友城等平台，成都市文化广电旅游局定期发布天府旅游文化中英文信息。成都文旅要用好国际主流社交媒体和网络平台，开设多语言文化网站，做好天府旅游文化线上多语言推广。借势成都举办世界大学生运动会、世界园艺博览会等国际赛事和活动，宣传推广成都旅游形象和核心吸引物。创新"航线+旅游"营销模式，开展直航城市主题营销活动，形成成都旅游国际推广的全球化资源联动。开展创意营销，培育旅游直播双语"达人"，推动非遗传承人入驻社交平台，持续开展视频宣传等活动。通过天府旅游文化翻译传播将成都国际旅游展打造成全球旅游要素高效流动的城市旅游投资、推介平台。

发展"旅游+""+旅游"融合业态，树立文化自信，翻译传播"音乐+旅游""体育+旅游""会展+旅游""工业+旅游""农业+旅游""健康+旅游"等文旅消费新场景、新产品。要推介具有天府文化特色的研学旅游新场景，传播好中国声音、讲好天府故事。对于译者而言，要树立文化自信，构建旅游文化知识体系，从而促进天府旅游文化传播，推动天府旅游文化翻译传播与跨文化交流。党的十九大报告提出，"要坚定文化自信，推动社会主义文化繁荣兴盛"。分析和挖掘天府旅游文化内涵，凸显天府本土特色，使文化内涵和文化特色体现在海外游客可以直接接触到的旅游要素及服务环节中。通过天府旅游文化翻译传播，大力传承和弘扬中华优秀传统文化，有利于提升天府旅游文化的国际影响力，更好地发挥其载体功能。

四、产教研融合视角下的天府旅游文化翻译传播

抓住产教研融合这一契机，讲好中国故事，传播好中国声音，天府旅

游文化"走出去",正当其时。天府旅游文化应融入教学内容,以期为天府旅游文化翻译传播提供实践参照价值和理论探讨意义。

1. 鼓励保留源语文本的旅游文化内涵

以天府文旅行业翻译为例,探讨文化还原、直译、音译、增译等异化翻译策略,以及如何传递天府传统文化魅力,可以还原天府文化本质,增强天府文化的翻译能力,进一步打造天府文化"走出去"的品牌效应。在进行翻译时中英文本中还有大量的文化负载词。具体来说,在译文文本中,互文性从一种语言流向另一种语言,从一种文化传递到另一种文化,凭借文本间千丝万缕的互文联系,通过不同符号组织手段,展现出更强大的文化和语言魅力(萨莫瓦约,2003)。译者常常会考虑本国文化,将本国文化回归母体形态,选择在中译英时通过意译或增补中华文化中的意象进行还原,进而实现中华传统文化的还原(见案例2-14)。

【案例2-14】

　　三月的葛仙山已被春色浸染,沿花源路前行,道路两侧的油菜花如"季节限定"的织锦般铺展开来,层叠的金黄与山花相映,将缤纷的色彩填满整个视野。骑游爱好者们还可以顺着绿道骑行,在春风中观赏由田园与林盘绘制出的乡间景致,健身赏花两不误。进入村中,还能看见油菜花田中点缀着梨花、李花、桃花的绚烂。

　　In March, Gexian Mountain appears the colors of spring. On both sides of Huayuan Road, rape flowers spread out like a piece of "spring limited" brocade. Layers of golden yellow and mountain flowers complement each other, greeting people's eyes with a riot of colors. Cyclists can enjoy the rural Linpan landscape in the spring breeze while riding along the greenway. Entering the village, visitors can also admire gorgeous pear, plum, and peach blossoms scattered in the rape flower fields.

（节选自《油菜花黄，明亮一春》，

HELLO CHENGDU，2022 年第 3 期）

在案例 2-14 中，"葛仙山"（Gexian Mountain）获得"国家级生态乡镇""全国休闲农业与乡村旅游示范点""四川省环境优美乡镇""四川省乡村旅游特色镇"等多项荣誉，其名负载着浓厚的天府文化意味。相较于归化的翻译策略，译者用音译"Gexian"以保留其独特文化内涵。教师在讲解旅游景点的翻译时可以引导学生关注"音译+直译"的方式，充分保留源语文本的文化内涵，采取积极的异化策略来呈现天府旅游文化的丰富内容。

2. 关注旅游文化符号的翻译传播

大熊猫这个文化符号不仅代表着天府的自然生态资源，更承载着天府文化的意义。作为天府文化重要的典型符号，大熊猫的憨态可掬、机灵可爱，正是天府文旅友善包容、开放自由形象的绝佳展现。

【案例 2-15】

2023 年 2 月 24 日，由日本和歌山县白浜野生动物园赠送，以大熊猫"永明""梅梅"和它们的孩子为原型制作的"熊猫纪念碑"在成都大熊猫繁育研究基地正式亮相。造型活泼、细节生动，纪念碑不仅展示出熊猫基地与白浜野生动物园两家机构近 30 年合作科研的成果，更彰显了成都与日本多年友好交往取得的实绩。

On February 24, 2023, a "Panda Monument" modelled on the giant pandas "Yongming", "Meimei", and their children from the

Adventure World in Shirahama, Wakayama, Japan, was unveiled at the Chengdu Research Base of Giant Panda Breeding. Looking vivid and vigorous, the monument demonstrates not only the achievements of scientific research cooperation between the Base and the Adventure World for nearly 30 years, but also those of long-term friendly exchanges between Chengdu and Japan.

（节选自《"熊猫纪念碑"正式亮相——成都与日本多领域交流持续开展》，*HELLO CHENGDU*，2023 年第 9 期）

在案例 2-15 中，对"熊猫纪念碑"（Panda Monument）的翻译传播展示了天府旅游文化与国外在多领域持续开展交流合作。教师可以在第二课堂中融入天府旅游文化符号翻译资源，深入挖掘天府旅游文化的典型符号，为开展天府文化教育提供原材料，助力天府文化和天府旅游事业的海外传播。

天府旅游文化的交流和传播离不开翻译、语言的转化，译者是不同旅游文化间交流的桥梁。翻译是一个创造性的过程，各国在旅游文化方面有共同之处，也有不同之处。因此，在天府旅游文化翻译传播过程中，译者要在理解天府旅游文化背景的基础上进行准确的翻译，助力天府文旅事业的海外传播，进一步提升天府文旅的吸引力和影响力。

第三节　天府非遗文化翻译传播研究

非物质文化遗产（以下简称非遗）主要表现为人们的生活方式和生产方式，维系着不同族裔、群体的文化特性和集体记忆，也反映着文化的多样性和人类的创造力（赵丽丽，宋欣阳，2021）。天府非遗蕴含着大量文化因素，使翻译面临着巨大困难。如何在非遗翻译过程中尽量保留传统文化元素，确保外国读者能够有效理解，同时如何把握好产教研融合的文化翻译传播路径，推进非遗传承与创新发展，是天府非遗文化翻译传播研究的热点。

一、天府非遗文化翻译传播的理念

1. 提升天府非遗文化的国际影响力

天府非遗文化的翻译传播需要发挥成都国际非遗节平台优势，加强与国内外非遗学术研究机构和专家学者、各地非遗保护中心和行业协会等的翻译传播合作交流。建立天府非遗保护协调翻译传播机制，联合国内外非遗学术研究机构和行业协会策划举办大型国际展览，开展国际非遗艺术节、国际非遗青年电影节等活动，创作优秀非遗演艺作品到国外巡演，提升天府非遗文化的国际影响力。

2. 推动天府非遗文化走向世界

以建设三国文化发展高地为主线，天府非遗文化界定期召开高水平国际学术研讨、翻译传播交流活动，针对武侯祠等三国文化遗存实施重点保护利用工程、推出三国文化主题多语作品，打造"智圣系列""喜神系列""英雄系列""藏品系列"等多语翻译文创产品，推动成都三国文化走出国门、走向世界。做强"中国诗歌节"，通过"诗歌双语论坛""诗歌采风双语交流创作""诗歌翻译传播大讲堂"等主题活动构筑诗歌艺术殿堂，打造诗歌文化非遗传承发展平台，塑造中华文明标识体系中的重要名片。

3. 活化利用天府非遗文化资源

翻译传播宝墩、东华门等考古遗址公园，构建历史文化旅游集群，推介区（市）县新建或改扩建的国有综合博物馆，以及社会团体、民间收藏家开办的非国有博物馆，翻译传播吸引外来游客的遗址考古体验游线路和景区。例如，推动"锦绣之旅""竹藤之旅""茶香之旅"等非遗主题国际旅游精品线路的翻译传播。

二、天府非遗文化翻译传播的内容

1. 组织"古蜀文明"走出去巡展

组织"古蜀文明"巡展是天府非遗文化传播的重点内容。建立成都市非物质文化遗产数据库，翻译传播"成都手作"非遗品牌。推介民俗节庆活动国际品牌，如中国成都国际非遗节、黄龙溪国际龙狮文化节、都江堰田园诗歌节等。翻译传播成都市大遗址，如多语推介东华门、金沙、宝墩、邛窑、明蜀王陵、水井街酒坊、孟知祥墓、朱悦燫墓、云顶山等遗址及文化景观。

2. 重点推介博物馆

重点翻译传播成都自然博物馆、四川大学博物馆群、张大千艺术博物馆；鼓励推介社区博物馆、生态博物馆、乡愁记忆馆等；建成龙门山生物多样性博览园，提升国际非物质文化遗产博览园的推介品质。

【案例2-16】

蜀锦风潮，自古便有。尤其在东汉至两宋时期，市面上的蜀锦一度供不应求，即使机杼相和，也要日夜赶工，那副盛景，真不愧对成都"锦官城"的美名。

Shu brocade has been popular since ancient times. Especially from the Eastern Han Dynasty to the Song Dynasty, Shu brocade was often in short supply. Even with the harmony of looms, workers had to race against the clock. The prosperous scene was really worthy of the reputation of Chengdu as the "City of Brocade Official".

(节选自《褐地宝相花纹锦片：风起霓裳，繁花似锦》，*HELLO CHENGDU*，2022年第3期。)

案例 2-16 为成都蜀锦织绣博物馆的推介材料翻译。这里对成都"锦官城"（the "City of Brocade Official"）的翻译，反映出蜀锦在天府非遗文化中的重要地位。这里将蜀锦翻译为"Shu brocade"，对于中文特有的表达，译者主要使用"直译+释义"的翻译方法。译者在处理非遗文化翻译传播文本中的文化因素时，对在英文中不存在中文特有的专有名词相关表述，主要采用直译或音译的方法，同时补充相关信息，帮助读者理解。

三、天府非遗文化翻译传播的渠道

1. 非遗文化助力乡村振兴

成都市政府为推广非遗文化，举办了天府非遗文化项目助力乡村振兴成果巡展、"一起向未来"成都非遗进校园示范成果巡展、"成都手作"非遗集市、天府新区非遗市集、非遗云视听线上多语展播等多项精彩活动。天府非遗文化项目助力产业发展、就业增收、美丽乡村建设的成果案例以"图文+实物"的多语翻译形式予以呈现。

2. 非遗生产性保护传承

翻译传播非遗生产性保护传承是天府非遗文化传播的重要渠道之一。整合皮影、木偶戏、蜀锦、川菜、竹编、茶艺等非物质文化资源，实施传统工艺振兴计划，创新翻译传播形式，做大做强"成都手作"成都市非遗公共品牌，定期开展"成都手作"集市推介活动。扩大对国际非物质文化遗产博览园、非物质文化遗产生产性保护示范基地的翻译传播，推介非遗特色文创集聚区、非遗主题生活美学场景、非遗项目体验基地、非遗特色小镇和村落的建设，支持利用非遗馆、非遗传承体验中心、非遗工坊等翻译传播非遗旅游体验基地。

3. "一起向未来"成都非遗进校园

成都非遗进校园示范成果巡展以图文展板和学生作品的形式，展示市级非遗传承基地学校多年非遗进校园成果。深化"互联网+非遗"和"非遗+"建设，创新非遗翻译传播展示及展演传播方式。持续开展非遗进校园、非遗进社区活动，借助中小学开设非遗特色课程，借助国家级非物质文化遗产代表性项目特色中小学传承基地，引导社会力量参与非遗翻译传播，广泛开展社会实践和产教研翻译传播活动。

4. 非遗云视听线上展播

在第八届中国成都国际非物质文化遗产节"云上非遗"板块的"云游非遗"部分中，"直播非遗节""非遗工坊探秘"环节面向全社会招募产品体验官，与当地名人一起畅游"非遗之旅"。在"云购非遗"部分，联动"非遗好物星推官"，组织非遗工作者，助力非遗文化的传播。

四、产教研融合的天府非遗文化翻译传播

近年来，成都市高校秉持产教研融合育人的办学理念，突出天府非遗优秀传统文化育人特色，把非遗文化传播、非遗技艺传授、非遗精神传承作为增强文化自信、助力产业发展的重要抓手，着力发挥天府非遗文化翻译传播的重要作用。

1. 对比分析天府非遗文化双语文本

学界对翻译行业的中英双语文本进行对比分析，为天府非遗文本的翻译提供参考，确保非遗翻译的传播效果，助力中华文化的国际传播（赵丽丽，宋欣阳，2021）。

【案例 2-17】

武侯祠在推进原状陈列提升工程过程中，在诸葛亮殿墙体内发现了 8 通碑刻。碑刻年代从清康熙十一年到清道光元年（1672年—1821年），跨度近 150 年。碑文内容主要是四川主政官员题记、乾隆朝状元石韫玉手书前后《出师表》、武侯祠祭祀活动记

录、文人墨客访谒书画题刻等。这些碑刻，丰富了我们对于晚期王朝时代朝廷、地方官员、文人士绅等各阶层之间的精神互动和道德塑造的认识。

8 stone tablets were found inside the wall of Zhuge Liang Hall during the improvement project with exhibits maintained in display as they were. The tablets span nearly 150 years from the eleventh year into the reign of Emperor Kangxi to the first year into the reign of Emperor Daoguang in the Qing Dynasty（1672-1821）. They record the inscriptions by officials in charge of Sichuan，the first and second "Memorial on Sending Out the Troops" by hand by Shi Yunyu，a Number One Scholar in the reign of Emperor Qianlong，sacrificial activities at Wuhou Shrine，and calligraphy，painting and inscriptions by literati and men of letters who visited here. These inscriptions have enriched our understanding of the spiritual interaction and moral shaping among the imperial court，local officials，literati and other classes in late dynasties.

（节选自《武侯祠记》，*HELLO CHENGDU*，2022 年第 8 期）

案例 2-17 的中文作者在成都生活了近 40 年，对武侯祠有了新发现，写了这篇题为《武侯祠记》的文章，题目翻译为"On Wuhou Shrine"。"诸葛亮殿墙体内发现了 8 通碑刻"的译文"8 stone tablets were found inside the wall of Zhuge Liang Hall"，使用被动语态比较符合英文表达习惯。对联、匾额、碑刻这些非遗文化符号穿越时空，成为不同时代人们认知华夏文脉的载体。武侯祠发现的碑刻就是天府非遗文化的又一重大发现。

2. 天府非遗文化翻译传播面临的挑战与机遇

为了应对语言和文化差异带来的挑战，天府非遗文化翻译传播需要采用适当的方法和策略。语言翻译可以采用专业的翻译工具和人工翻译相结合的方式，确保翻译的准确性和质量。在处理文化差异时，可以通过深入了解不同文化之间的差异，采取尊重、包容、妥协等方式来化解文化冲突和误解（丁芝慧，2022）。文化差异、翻译新技术、传播新方式的介入和助推，一方面可拓宽天府非遗文化翻译人才培养路径，在加强对外文化交流合作的同时开拓国际传播新舞台；另一方面有助于完善天府非遗文化翻译传播机制和推进非遗文化自信建设，使天府非遗文化得以广泛传播。具体来说，一是拓宽天府非遗文化翻译传播人才培养路径。由于文化翻译传播要求译者对不同文化的语言、历史、社会背景等进行深入理解，因此需要建立具备跨文化交际能力和语言翻译能力的专业人才队伍。当前，天府非遗文化翻译传播人才培养仍存在不足，需要进一步加强培训和教育，加强人才队伍建设。例如，在大学中开设天府非遗文化相关课程，并加强与国外高校的交流和合作，提高学生的跨文化交际能力和语言翻译能力。二是加强对外文化交流合作。为了促进天府非遗文化翻译传播，需要积极加强与外国非遗文化机构的合作，拓宽非遗文化交流渠道，增加天府非遗文化翻译传播的机会和可能性。例如，可以建立更多天府非遗文化中心和天府非遗文化交流平台，支持和鼓励中外非遗文化交流项目的开展，为天府非遗文化翻译传播提供更多资源和支持。三是完善天府非遗文化翻译传播机制。加强对文化翻译传播的政策支持和法律保障，促进天府非遗文化翻译产业的发展。例如，建立一套科学合理的天府非遗文化翻译传播评估机制，及时发现和解决非遗文化翻译传播过程中的问题。四是在天府非遗传承中提升文化自信。文化自信是实现天府非遗文化翻译传播的前提和保障，增强文化自信有助于提高国家在文化翻译传播中的话语权和影响力。例如，加强文化自信教育，提高人们对天府非遗文化的认同感和自豪感，从而推动非遗文化翻译传播事业的发展。

第四节 天府休闲文化翻译传播研究

成都既有传统文化的优雅从容，又有现代文明的前卫时尚；既有现代都市的快节奏，又有休闲城市的慢生活，充满快与慢的张力。当下的天府休闲文化作为一种地域文化、城市文化，有鲜明的生产属性、生活属性。因此，更应推动天府休闲文化的创造转化，让休闲文化转化出能量、转化出形态，形成"休闲文化+"的产业格局。天府休闲文化翻译传播理念、内容、渠道的发展是不断推陈出新的，应紧密结合休闲行业发展业态，调研企业用人和文化休闲活动策划需求，探索产教研融合的天府休闲文化翻译传播新路径。

一、天府休闲文化翻译传播的理念

1. 美在日常，是休闲文化品质之美

天府休闲文化具有烟火气、人情味，形成了市民大众广泛参与、鲜活灵动的生活美学，这正是天府美学难能可贵的个性所在。唐宋以来，成都游乐休闲平民化趋势越发明显，赏花、饮酒、饮茶及浣花大游江等活动不分雅俗高下，并非官员文人的专享，是所有人参与的"众乐乐"，参与人员包括官员民众、市农工商、男女老幼、穷人富人、本地外来等。谚语"茶馆是个小成都，成都是个大茶馆"形象地道出成都的休闲氛围。茶馆承载的是成都人公共性的审美休闲生活方式，以及展开日常审美体验的休闲过程。

【案例 2-18】

得益于湿润的气候、肥沃的土壤，以及高山与流水赋予茶树的优势生长环境，四川是中国乃至世界种植、制作、饮用茶叶的

起源地之一，茶文化源远流长。从古至今，川人素爱饮茶，更爱悠闲自得的有茶生活。喝茶人喜欢春天——这意味着茶树经过一整个冬天的蓄力，积攒了丰厚的能量，促得春茶滋味甘醇、香气芬芳，品质上佳；这也意味着喝茶的空间不再被局限于一室之内，天地皆可为席，而好春光又为杯中滋味增了一份鲜活。

Thanks to the advantageous growing environment endowed by the humid climate, the fertile soil, the towering mountains and the running water, Sichuan is one of the origins of tea planting, production and drinking in China and even the world, with a long history of tea culture. Since ancient times, Sichuan people love tea, and the leisurely life with tea more. Tea drinkers like spring—tea plants accumulate abundant energy through a whole winter, which promotes the sweet mellow taste, the aroma and the premium quality of spring tea; the space for drinking tea is no longer confined to indoors, and the pretty spring scenery adds a fresh vitality to the taste in a teacup.

（节选自《一饮知春：川茶韵味与生活日常》，

HELLO CHENGDU，2022 年第 4 期）

从案例 2-18 中可看出成都普通民众对高质量生活的追求。例如，"从古至今，川人素爱饮茶，更爱悠闲自得的有茶生活"（since ancient times, Sichuan people love tea, and the leisurely life with tea more）。案例翻译体现了天府休闲文化的品质之美，"茶树经过一整个冬天的蓄力，积攒了丰厚的能量，促得春茶滋味甘醇、香气芬芳，品质上佳"（tea plants accumulate abundant energy through a whole winter, which promotes the sweet mellow taste, the aroma and the premium quality of spring tea）。

2. 推介休闲全民化的公园城市建设规划

按照"可阅读、可感知、可欣赏、可参与、可消费"的翻译传播转化路径，推介在公园城市特色场景中重点打造的龙泉山城市森林公园、天府动植物园等一批城市绿心示范项目，环城生态公园、锦江公园、沱江公园等一批绿道蓝网示范项目，未来公园社区、"非遗在社区"等一批街区社区示范项目，翻译传播空间全景化、体验全时化、休闲全民化的公园城市场景精品旅游集群。加快翻译传播天府文化公园、一环路市井生活圈、天府锦城街巷游线体系，持续推介都市社区旅游新空间、社区旅游新高地。大力翻译传播成都现代时尚休闲国际购物旅游，推介美食街区改造升级，持续优化美食商圈布局，推动美食体验游的国际传播。

3. 休闲城市与国际化交流深度融合

在城市愈加深度参与国际化交流和竞争的环境下，要积极思考如何运用天府美学讲好天府休闲故事。天府休闲文化翻译传播应彰显地域文化自信，可筛选天府休闲文化中最具国际审美通感的核心内容，如熊猫、美食、运动等关键词。2011 年，以"典型中国，熊猫故乡"为主题的成都市城市形象宣传片在美国纽约时报广场电子屏上播出，以区域的唯一性丰富世界城市审美的多样性，突出了成都形象的美学辨识度和国际美誉度。同时，传统翻译传播表达路径应转换为现代表达路径，如科技影像、新媒体流量、文化贸易结合等传播方式，以适应世界多元文化的接受背景（李洁，2020）。"世界文化名城论坛·天府论坛"的举办、第 31 届世界大学生运动会的成功落地，是天府休闲文化向国际舞台再出发的良好契机。成都市正加快国际化脚步，将文化之都、中国历史文化名城的历史定位提档升级，即建设世界文化名城，打造"三城三都"金字品牌，从文创、赛事、会展、音乐、旅游、美食等优势资源中汇聚天府休闲文化品牌力量，以开放、跨界、创意的先进思维翻译传播天府休闲文化的魅力（李洁，2020）。

二、天府休闲文化翻译传播的内容

1. 体育运动：成都人休闲生活新方式

近年来，运动健身正受到更多成都人的青睐。2020 年全民健身日成都日报联合咕咚运动发布的《成都市民个人健身行为大数据》显示，成都人一年的运动总里程超过 2 亿千米，相当于绕地球 5000 圈。2020 年"最具运动活力城市"评选中，成都位居新一线城市榜首。成都全域以大运会办赛谋城为契机，推进休闲城市文化建设，助力天府休闲文化传播。推介全球性赛事，是一座城市走向世界的重要翻译传播方式。

【案例 2-19】

　　许多个性化、国际化的时尚体育运动，如马术、击剑、冰雪运动、航空运动、电子竞技等不断在成都兴起，越来越多的运动品牌也将总部落户成都。此前，成都还发布了"体育消费新场景100+"榜单，随后上新的"成都体育消费新场景地图"，也成为"运动成都"的重要打开方式。

　　Many personalized and international trendy sports, such as equestrian, fencing, winter sports, air sports, and e-sports, have been rising in Chengdu, and an increasing number of sports brands have settled their headquarters in Chengdu. Chengdu has released the list of "100+ New Scenarios of Sports Consumption", and the "Map of New Scenarios of Sports Consumption in Chengdu", offering a good solution to experience "Sports Chengdu".

（节选自《成都大运会倒计时 100 天特别报道：大运会之于成都》，*HELLO CHENGDU*，2022 年第 4 期）

案例 2-19 展示体育消费刺激天府休闲产业发展："个性化、国际化的时尚体育运动，如马术、击剑、冰雪运动、航空运动、电子竞技等"（many personalized and international trendy sports, such as equestrian, fencing, winter sports, air sports, and e-sports, have been rising in Chengdu），除了遍布全城的大运场馆群，成都城市绿道系统将为"运动成都"（Sports Chengdu）的休闲生活提供更多新体验。

2. 爱"熊"之城

大熊猫国家公园成都片区位于成都平原西北部，该区域是邛崃山、岷山两大山系大熊猫种群基因交流的关键性走廊带枢纽。*HELLO CHENGDU* 双语期刊 2022 年第 5 期的文章《爱"熊"之城，与"熊"共生》讲述了天府休闲文化中最具国际审美通感的熊猫家乡故事，围绕以下三个问题展开：是什么让大熊猫选择了这座城市？这座城市又为维系大熊猫种群做出了什么样的努力？是什么让这份"双向奔赴"的爱意得以延续？

【案例 2-20】

1984 年，成都各行各业开始自发为救助大熊猫捐款，一些中小学生除了捐赠零花钱，还利用课余时间拾废塑料、废报纸，割草采药为救治大熊猫筹集捐款。一时间，成都出现"人人参与救助大熊猫"的景象。

In 1984, all walks of life in Chengdu voluntarily donated money to the rescue of giant pandas. Some primary and middle school students not only donated their pocket money, but also spent their spare time collecting waste plastics and newspapers, mowing grass and collecting herbs to raise money. At that time, almost everyone in Chengdu participated in the rescue of giant pandas.

（节选自《爱"熊"之城，与"熊"共生》，

HELLO CHENGDU，2022 年第 5 期）

在案例 2-20 中，"成都出现'人人参与救助大熊猫'的景象"（almost everyone in Chengdu participated in the rescue of giant pandas），对这一内容的翻译传播了天府文化"友善公益"的精神内涵，展示了天府休闲文化的温度；"成都各行各业开始自发为救助大熊猫捐款"（all walks of life in Chengdu voluntarily donated money to the rescue of giant pandas）。译者在翻译实践中践行了翻译思想。译者自身需要理解天府文化、了解天府文化，在此基础上才能讲好天府故事，翻译好天府文化，传播好天府声音，用外国人听得懂的语言向世界展示可信、可爱、可敬的天府形象。通过准确传神的翻译介绍，让世界更好地认识新时代的天府文化。

【案例 2-21】

2005 年 7 月 16 日，一只迷路的野生大熊猫闯进了都江堰市区。这是大熊猫首次出现在闹市区，担心其安危的民众自发地紧紧跟在它身后，同时联系保护区。8 个小时后，大熊猫恋恋不舍地结束了它的都江堰"游玩之旅"，被营救人员成功救下。

On July 16, 2005, a wild giant panda lost its way and wandered into the city proper of Dujiangyan. It was the first time a giant panda had been seen in city proper. People who were worried about its safety followed it closely and contacted the nature reserve. Eight hours later, the giant panda was rescued and reluctantly ended its Dujiangyan tour.

（节选自《爱"熊"之城，与"熊"共生》，

HELLO CHENGDU，2022 年第 5 期）

正是因为案例 2-21 事件的翻译传播——"一只迷路的野生大熊猫闯进了都江堰市区"（a wild giant panda lost its way and wandered into the city proper of Dujiangyan），大熊猫贪玩的故事流传到远在荷兰的艺术家费洛伦泰因·霍夫曼的耳朵里。2021 年，他以这个"勇闯闹市区"的大熊猫为灵感，设计了都江堰仰天窝广场上的"自拍大熊猫"艺术雕像，将大熊猫

"好耍"的形象定格。类似的守护大熊猫的成都人的休闲生活故事还有，如案例2-22。

【案例2-22】

2018年5月28日，在成都市大邑县，一只大熊猫跑进了村民种的竹林里偷吃竹笋被"逮到现形"。为了不惊动大熊猫，村民守护在距离不远的地方，等待其吃饱离开。

On May 28, 2018, a giant panda was found eating bamboo shoots grown by local villagers in Dayi County, Chengdu. In order not to disturb the giant panda, the villagers guarded it at close range until it was full and left.

（节选自《爱"熊"之城，与"熊"共生》，
HELLO CHENGDU，2022年第5期）

案例2-22同样展示了"友善公益"的天府休闲文化："为了不惊动大熊猫，村民守护在距离不远的地方，等待其吃饱离开"（In order not to disturb the giant panda, the villagers guarded it at close range until it was full and left）。周孟棋用镜头记录了上述这一友善瞬间。周孟棋是中国摄影家协会、中国新闻摄影学会、中国艺术摄影学会会员。他用长达30余年的时间，用镜头记录了数万张大熊猫照片，被授予"大熊猫文化全球推广大使"的称号。翻译让世界看到了大熊猫的可爱，以及熊猫故乡人的休闲生活艺术。

3. 让民乐发出"新声"

案例2-23是对海潮音乐团发起人冯宝怡的采访翻译。

【案例2-23】

"海潮音包含着烟火气息，又带有着最初的质朴。海潮音的

存在也是想与大家一起分享这份属于音乐的美。"

"Haichaoyin is earthly and unadorned, and it's there for the purpose of sharing the beauty of music with all."

"古琴一开始只是文人吟诗作画时的配乐，不是一种表演。我们学习的谱子主要是从古代流传至今的文字谱。谱里没有音符，也没有固定的节拍。"

"At first, guqin music was seen as an accompaniment rather than a kind of performance when scholars were creating poems and paintings, and the ancient scores which we are learning are literally written with neither notes nor fixed beats."

（节选自《海潮音乐团：让民乐发出"新声"》，

HELLO CHENGDU，2022 年第 5 期）

海潮音乐让世界感受到天府休闲文化的烟火气息（earthly and unadorned），并与大家分享天府休闲文化之美。通过翻译，受众进一步了解到，成都人冯宝怡师承蜀派古琴，那是一种"文人吟诗作画时的配乐，不是一种表演"（an accompaniment rather than a kind of performance when scholars were creating poems and paintings）。随着学琴的时间逐步增长，冯宝怡萌发了组织民乐团的想法，"在演奏的技巧上，我可能超越不了自己的师傅了，但是我有责任和义务将古琴传承下去。做乐团的话，更多是一种传承"。对这些休闲生活艺术的翻译传播，集中反映了天府文化"创新创造、优雅时尚、乐观包容"的文化内涵。

【案例 2-24】

海潮音想在民乐的基础上做一些新的突破。乐团在组建时，便认为民乐首先要代表自己的国家和民族，冯宝怡告诉我们："民乐如果不去创新，没有更多的人听到的话，它就会失传。所以我们想做的是融合和创新，让民乐有新的生命力，而不是对已有的'刻板印象'的重复。"

Based on folk music, Haichaoyin Orchestra planned to make new breakthroughs. When it was founded, the members believed that the folk music should be seen as a representative of its own country and nation. "The folk music will finally disappear if it is stuck in a rut without any promotion, so we want to make integration and innovation to develop it with new energy, instead of playing its existing 'stereotype' over and over again."

（节选自《海潮音乐团：让民乐发出"新声"》，

HELLO CHENGDU，2022 年第 5 期）

对民乐加以"融合和创新，让民乐有新的生命力"（make integration and innovation to develop it with new energy）。实际上，作为跨越国界而存在的音乐，往往在不经意间会流露出人类共同的情绪。民族的就是世界的，天府休闲文化要加强国际化表达，进一步走向世界。

4. 川菜文化

川菜是四川的一张饮食文化名片，也是助推四川经济发展和文化发展不可或缺的力量。作为天府休闲文化的典型符号，成都以川菜文化为纽带，不断提升川菜文化的内涵和品牌高度，同时站在国家的高度、行业的高度、产业的高度，把川菜文化梳理好、传承好、传播好，向世界讲好川菜文化故事。

【案例 2-25】

李作民在《师父教我吃川菜》这部著作里，用八个部分，备细讲述了 34 道川菜和一种调味品的制作和呈现过程。师父王开发和一众川菜大师在每一道菜的制作过程中，或现场指导备料精要，或讲述正宗心法，或批评部分民间流变，或肯定某种个人尝试。娓娓道来的文字里，淋漓展现的，都是"教我吃"三个字的奥义。比如回锅肉，何谓"灯盏窝"、怎样"拈闪闪"；比如蒜泥白肉，需得"热片、热拌、热吃"才是正宗；比如宫保鸡丁，需得鲜鸡丁、干辣椒节、花椒粒和葱白、蒜片、油炸花生米一起嚼才是正宗；再比如，夫妻肺片，除了加卤水，酱油一定要用中坝酱油才正宗。凡此种种，皆属毫无保留的技艺交底，和众多技艺言传身教中还"留三分"相比较，这样的"正宗"传道，实在可以说得上难能可贵。

In this book, Li Zuomin details the recipes for 34 dishes in Sichuan cuisine and 1 condiment in eight chapters. Chef Wang Kaifa and other cooking masters provide their views on cookery and traditional cooking methods, and would sometimes criticize the development on the wrong side of the road or acknowledge certain people's good tries. These words can actually boil down to the "secret of eating in the right way". For example, the Twice Cooked Pork is qualified only with the sliced meat curled when served. The Shredded Pork with Garlic Sauce should be sliced, dressed and served hot. The right way to enjoy Kung Pao Chicken is to get the chicken meat, dried pepper, Sichuan pepper, diced Chinese onion, garlic, and fried peanut chewed at once. Soy sauce from Zhongba is a must to the Sliced Beef and Ox Tongue in Chili Sauce. Unlike those so-called masters who teach with reservation, the great chefs didn't mince matters, which is rare.

（节选自《正宗吃川菜：作为成都生活美学的一部分》，

HELLO CHENGDU，2022 年第 8 期）

川菜（Sichuan cuisine）是天府休闲文化的重要名片，在案例 2-25 中，川菜大师现场指导备料精要，讲述正宗心法，批评部分民间流变，肯定某种个人尝试（provide their views on cookery and traditional cooking methods, and would sometimes criticize the development on the wrong side of the road or acknowledge certain people's good tries）。对这些内容精准有效的翻译传播，有助于让世界通过川菜文化认识生动、立体的天府休闲文化。对于中文特有的表达，译者主要使用"直译+释义"的翻译方法。例如，"宫保鸡丁"译为"Kung Pao Chicken"，"中坝酱油"译为"Soy sauce from Zhongba"，使得目标读者可以更好地理解川菜的"正宗"传道。更为难得的是，这部写川菜的著作还穿插着众多妙趣横生的川菜人物、历史掌故及休闲民俗风情。李作民作为川菜口述史的发起人，关注和搜罗天府休闲文化掌故轶闻，并特别注意展示与每一道川菜紧密关联的风土人情。事实上，任何一个菜系文化的传播，都不能脱离它赖以生存的民族、人口及其地理场域。李作民所谓"饮食是过日子的艺术，所以，这一日三餐的食物中，也有值得我们发现的生活美学"，就是川菜与成都生活美学的结合。事实上，翻译传播正宗的川菜文化，已经成为传播成都休闲生活美学的重要部分。

5. 外国人眼中的休闲成都

外国人眼中的休闲成都也是天府休闲文化翻译传播的内容之一。例如，法国人让·皮埃尔·帕利耶（Jean Pierre Palier）居蓉多年，了解到成都人爱吃、会吃和天府文化包容开放的特点后，他致力加深中法两大餐饮文化间的相互认识和理解。皮埃尔认为"四川美食已成为全球公认的兴趣点"，令他印象深刻的还有成都人的生活方式。

【案例 2-26】

　　这里的每个人都以自己的节奏生活，他们有充裕的时间做决定。闲暇时间，他享受和孩子们一起探索新建成的绿色公园，感受湿地生态区带给都市生活的点滴变化。

Everyone here lives at their own pace, and they have plenty of time to make decisions. He enjoys exploring the newly built green parks with his children to feel the changes the wetlands bring to urban life in the spare time.

（节选自《Jean Pierre Palier：美食大使居蓉记》，

HELLO CHENGDU，2022 年第 6 期）

【案例 2-27】

司马文斐博士，外籍"蓉漂"，家在新都的"普通老外"，司马文斐对于成都的休闲文化，用他创作的打油诗来总结，则是：

天天读书在窝内，

I read books every day in bed，

不见朋友吾犬陪。

with the company of my dog instead of friends.

周末来了还是忙，

I become quite busy even on weekends，

晚吃火锅喝五粮。

for eating hot pot and drinking Wuliangye at night.

（节选自《吾心安处是吾乡》，

HELLO CHENGDU，2022 年第 5 期）

　　成都民众素有好休闲、喜时尚的性格基因，正如北宋田况所说，"蜀人好游乐无时"，追求自由快乐、闲适悠游的审美享受是社会整体性的价值取向。在案例 2-27 中，"天天读书在窝内"（I read books every day in bed），"晚吃火锅喝五粮"（for eating hot pot and drinking Wuliangye at night），这种乐观活泼的生命状态，孕育出成都人"慢""闲""乐"的休闲生活艺术，形成了"崇文学""好游乐""好音乐"等丰富生动的审美情趣。成都人的休闲是审美的，也是平民化的。平民意识或平民精神，是一种崇尚和尊重人的生命、尊严、价值、情感和自由的精神。"创新创造、优雅时尚、乐观包容、友善公益"精神引领这座城市普遍性和审美性的精神风尚，天府休闲文化和审美情趣走进更广阔大众的生活。

三、天府休闲文化翻译传播的渠道

1. 翻译传播文化新体验

川剧艺术主题公园——蜀园，是全国首个川剧主题公园，这个名头吸引着国内外游客的好奇心，案例 2-28 介绍了蜀园传统文化新体验。

【案例 2-28】

围绕这片湖，散落着一些古韵楼阁，叫锦上舫，造型颇像古代皇帝巡游江南时乘坐的画舫。讲解员穆穆说，它取自川剧曲牌"锦上花"，也讲究个"锦上添花"的好寓意。"这旁边就是锦月桥，也是曲子川剧曲牌，锦堂月。你也可以认为这个'月'是通'悦'字，就是喜悦、美好的意思。"

Some old-fashioned pavilions are scattered around the lake. The first one I saw was "floating" on the water, called "Jin Shang Fang", or "Boat on Brocade". It is shaped like a gaily-painted pleasure-boat taken by an emperor while cruising the Jiangnan region in ancient China. Our guide Mu Mu told us that its name is derived from the Sichuan opera tune name "Jin Shang Hua", implying "icing on the cake". "Next to it is Jinyue Bridge, whose name is also derived from a Sichuan opera tune name, that is, 'Jin Tang Yue'. 'Yue', moon, is a homophone of 'Yue', delight. So the bridge name implies happiness and blessing."

（节选自《传统文化新体验＠蜀园》，

HELLO CHENGDU，2022 年第 8 期）

对于中文特有的表达，译者主要采用了"直译+释义"的翻译方法。例如，"叫锦上舫"（called "Jin Shang Fang", or "Boat on Brocade"），"'锦上花'，也讲究个'锦上添花'的好寓意"（"Jin Shang Hua", implying "icing on the cake"），以及"'月'是通'悦'字，就是喜悦、美好的意思"（"Yue", moon, is a homophone of "Yue", delight），在这些翻译中，信息的补充说明帮助目标读者更好地理解川剧的形式，从而理解其文化内涵。川剧节奏慢，适合老成都那种悠闲的慢生活氛围，国内外的人们想认识川剧，得体验了才有感觉。

2. 城市语言休闲景观国际化

城市语言景观应当与国际接轨，要充分考虑对方的文化背景和实际需求，对原文进行灵活的翻译改造（黄友义，2022）。例如，在案例 2-29 中，"让人暂时抛却尘世烦恼，也许这就是所谓的'离尘不离城'"翻译为 "The park is definitely 'a wonderland in earthly world'"。

【案例 2-29】

走进天府公园，便置身于从都市热闹中剥脱出的自然野趣。来到这里既远离了城市喧嚣，也让人暂时抛却尘世烦恼，也许这就是所谓的"离尘不离城"。

Upon entering Tianfu Park, you are embraced by delight in the wild that is isolated from the lively city. Here, you can not only escape hustle and bustle, but also temporarily forget the annoyance of mortal life. The park is definitely "a wonderland in earthly world".

（节选自《成都公园，不只于此》，
HELLO CHENGDU，2022 年第 8 期）

从案例 2-30 中也可以看出，成都的城市基因带着安逸、休闲、娱乐的属性，且有着深厚的民间文化基础："岸边绿地有游人在野餐，小朋友围着草坪一圈一圈地奔跑"（Visitors were picnicking on the lawn ashore; children were bouncing around the lawn）。

【案例 2-30】

近年来随着市政整改优化，升仙湖水愈发澄澈，岸边绿地有游人在野餐，小朋友围着草坪一圈一圈地奔跑。在这里，时光只消拿来被虚度就好。

With the municipal rectification and optimization in recent years, the water in Shengxian Lake has become more and more lucid. Visitors were picnicking on the lawn ashore; children were bouncing around the lawn. Here, you can just idle away your time.

（节选自《成都公园，不只于此》，
HELLO CHENGDU，2022 年第 8 期）

过去成都依托美食、美酒、美茶等给全世界带来了"口福"，未来成都将给人们带来更多新的体验。天府休闲文化给天下人带来快乐，不仅是让天下人到成都享受快乐，还有天下人通过互联网、物联网在全球各地享受成都输出的多语言休闲娱乐产品。成都乐不如世界乐，成都乐带给世界乐。天府休闲文化翻译传播的终极价值，就是给人类带来智慧力量和带来快乐（蔡尚伟，2019）。

四、产教研融合的天府休闲文化翻译传播

天府休闲文化是未来天府文化翻译研究与国际传播的重要抓手，天府休闲文化翻译传播的课程体系和教学模式也需要加强和改进。讲好天府休闲文化故事任重道远。

1. 跨文化语境下的天府休闲文化翻译传播

教师可以紧跟时事，选取与天府休闲文化主题相关的中英双语资料。例如，案例 2-31 中有关成都大运会与天府旅游相关的阅读材料，注重天府休闲文化翻译传播，培养学生跨文化交际能力。

【案例 2-31】

在惠民方面，成都全面开展"场馆惠民、体育惠民、文化惠民、环境惠民"活动……成都还会推出如社区运动节、天府绿道健身行、户外运动节等更多的健身赛事活动，并向广大市民发放"成都大运共建共享体育惠民体验券"，让全民健身切实成为生活潮流。

In terms of people's well-being, Chengdu has carried out the activities of "benefiting the people with venues, sports, culture, and the environment" …Chengdu will launch more fitness events such as the Community Sports Festival, Tianfu Greenway Fitness Tour, and Outdoor Sports Festival, and issue "Chengdu Universiade Vouchers to Benefit People based on Joint Construction and Sharing", so as to make nationwide fitness programs a trend.

（节选自《一场城市与赛事的"双向奔赴"》，

HELLO CHENGDU，2022 年第 4 期）

从申办到举办大运会，成都这座城市都以实际行动落实"场馆惠民、体育惠民、文化惠民、环境惠民"（benefiting the people with venues, sports, culture, and the environment）。学生可以深入探讨天府休闲文化的内涵，在跨文化语境下，无论是参赛的国际运动员，还是生活在此的居民，都能在"成都成就梦想"。

2. 天府休闲文化的传播愿景

从公园城市"首提地"到"示范区",成都不仅在提速探索,也以阶段性成果让这座休闲城市更加美丽、宜居。以此为背景,学生可以查阅翻译相关资料,交流这座休闲城市逐年的变化,推介天府休闲文化的愿景建设。

【案例 2-32】

2018 年,"公园城市"这一城市理念首次在成都提出,旨在以生态文明引领城市发展,以人为中心,构筑山水林田湖城生命共同体,形成人、城、境、业高度和谐统一的美好城市形态。

In 2018, the concept of "park city" was first put forward in Chengdu, aiming to lead urban development with ecological civilization and build a community of life consisting of mountains, rivers, forests, farmland, lakes, and the city with people as the center. With such efforts, a beautiful city can be shaped, which features the harmonious existence of people, city, environment, and industry.

(节选自《成都公园,不只于此》,

HELLO CHENGDU,2022 年第 8 期)

2020 年 1 月,习近平总书记主持召开中央财经委员会第六次会议,对推动成渝地区双城经济圈建设作出重大战略部署,明确要求支持成都建设践行新发展理念的公园城市示范区。在案例 2-32 中,"旨在以生态文明引领城市发展,以人为中心,构筑山水林田湖城生命共同体,形成人、城、境、业高度和谐统一的美好城市形态"(aiming to lead urban development with ecological civilization and build a community of life consisting of mountains, rivers, forests, farmland, lakes, and the city with people as the center),体现了成都建设公园城市的美好愿景。2022 年 2 月，国家多部委联合印发《成都建设践行新发展理念的公园城市示范区总体方案》，明确从国家层面支持成都开展示范区建设各项工作；同年 5 月，《成都建设践行新发展理念的公园城市示范区行动计划（2021—2025 年）》发布，对公园城市示范区建设作出具体行动部署，探索山水人城和谐相融新实践和天府休闲文化传播新路径。

小　结

天府文化翻译传播不是简单的语言翻译，涉及跨文化传播、交流和理解的深度和广度。在跨文化交流过程中，天府文化翻译传播传递了文化价值观、认知模式、行为规范等理念、内容，呈现出一系列产教研策略和方法。*HELLO CHENGDU* 双语期刊巧妙运用审美"距离"，在天府文化代表性领域——茶文化、旅游文化、非遗文化、休闲文化等方面给读者带来感官上、审美上的愉悦和心灵上的震撼，散发着迷人的魅力。在文化翻译传播过程中，受众可能被某个特定的与其有一定审美"距离"的异质文化中的特色文化元素或符号所吸引，进而产生认知意愿，乐于接受，产生情感亲近，进行深度认知，这是一种跨文化传播的发展和深化过程。因此，跨文化传播需要适当的审美"距离"才能在受众中产生"美"，有了适当距离的"各美其美"，才有触达和打动受众的"美人之美"（郑海霞，2023）。对天府文化翻译传播文本的研究和探索，不仅有助于深入理解不同文化之间的差异和联系，增进彼此的交流和理解，也有助于提高跨文化翻译传播的质量和效果，创新天府文化翻译传播路径。

第三章　天府文化翻译传播的创新路径

本书第二章通过分析天府代表性文化的翻译传播案例，探究了天府文化翻译传播的理念、内容、渠道和产教研融合视角。在此基础上，结合天府文化翻译传播实践现状，本章将从产教研融合视角，提出天府文化翻译传播实践如何助力国际传播能力建设的若干建议，旨在从理论层面进一步推动翻译学、传播学和文化学的关联研究，从实践层面推进中华文化走向世界的发展路径。

第一节　天府文化翻译传播的产教研融合基础

在当今全球化和跨文化的时代，推动天府文化的传播，就要加强国际交流与合作，积极参与国际文化交流和合作活动，开展跨国文化合作产业项目。文化翻译传播人才培养对于促进不同文化间的相互理解，具有重要的意义和价值。文化翻译传播可以通过翻译、转化、调整等方式，帮助人们更好地理解和接受不同文化的信息和价值观，促进文化间的交流与交融。我们要深入挖掘和传承天府文化的内涵和精髓，增强文化自信；积极探索数字化传播手段，推广互联网、社交媒体等新型媒体，拓展天府文化的传播渠道和受众群体。这些目标的实现离不开产教研融合。

一、从学科教学到语言服务的转型

基于天府文化翻译传播实践，天府文化国际传播活动越来越频繁，天府文化"走出去"的步伐不断加快，这些都离不开语言服务的支撑。语言服务是一个相对新兴的语言研究领域，在宏观层面可满足政府需求，在微观层面则可满足社会需要和个人需求。随着经济和文化全球化的加速发展，各国社会学家和语言学家广泛关注语言经济和语言服务等问题。业界专家提出了翻译专业范式由翻译专业向语言服务专业转移的设想，以满足社会对语言服务人才的需求。由此，根据国家学科专业结构调整及专业发展要求，翻译专业人才所能提供的语言服务成为翻译专业从学科教学向语言服务转向的重要指标（马佳瑛，2022）。

1. 语言服务行业与文化翻译传播的关系

一是语言服务行业与文化翻译传播的双向影响。语言服务行业为文化翻译传播提供了技术和人力资源的支持，同时文化翻译传播也促进了语言服务行业的发展。语言服务行业为跨国企业提供翻译、传播、本地化等服务，为文化翻译传播提供必要的技术支持和语言咨询，也促进文化交流工作的顺畅进行。据《2023 中国翻译及语言服务行业发展报告》，2021 年，全球以语言服务为主营业务的企业总产值预计首次突破 500 亿美元；2022 年，以翻译及语言服务为主营业务的中国企业总产值首次突破 600 亿元，年增长率高于全球平均水平，其中包括笔译、口译、本地化、同声传译等各种语言服务。同时，文化翻译传播也对语言服务行业的发展产生着深远的影响。文化翻译传播需要语言服务行业提供高质量的翻译、口译和本地化等服务，促进语言服务行业的专业化、精细化、差异化和智能化等发展趋势，使其不断适应市场变化和新技术的发展。文化翻译传播的质量和效果，反过来也会影响语言服务行业的市场口碑和业务发展。例如，国际会议需要多语种翻译和本地化服务，以确保各方能够理解并参与到会议中来。这就需要语言服务行业提供高质量的翻译、口译和本地化服务，以满足客户需求，同时也促进行业的发展。随着市场对高质量翻译的需求不断提高，语言服务行业也需要不断提高自身的服务水平，包括翻译质量、行业专业性、技术水平等，以适应市场需求的变化。例如，在技术领域，机器翻译技术的发展使得语言服务行业的生产力和效率都得到了提升。特别是在数字化和智能化浪潮下，人工智能语言服务正成为人工智能与传统语言服务融合而生的全新业态，人工智能重塑语言服务全链条，体现在翻译产能调度和组织的智能化革新上。

二是语言服务行业和文化翻译传播的协同发展。在语言服务行业和文化翻译传播的关系中，协同发展是非常重要的一个方面。语言服务行业和文化翻译传播互相促进，互相支持，实现了协同发展。首先，语言服务行业提供良好的平台和渠道，促进文化翻译传播的发展。语言服务行业提供翻译、传播、本地化等多种服务，能够将文化翻译传播的内容传递给更广泛的受众群体。例如，随着跨境电商的兴起，越来越多的天府文化国际品牌需要将产品介绍、使用说明等文化翻译传播内容翻译成多种语言，以便更好地服务全球消费者，这就依赖于语言服务行业提供的翻译服务。其次，文化翻译传播对语言服务行业的发展起到了积极的促进作用。随着全球化的加速和国际交流的增多，越来越多的天府文化相关企业和组织需要在全球范围内展开业务，也需要语言服务行业提供多语种翻译服务。而文化翻译传播则能够提供更多的翻译内容，促进语言服务行业的发展和壮大。最后，语言服务行业和文化翻译传播的协同发展也有利于更好地推动文化交流和互鉴。语言服务行业提供多语种翻译服务，能够将不同语言的文化翻译传播内容进行转化和传递，促进文化的交流和融合。

2. 培养翻译专业人才，提高语言服务行业的整体素质

加强语言服务行业的监管和规范，促进市场健康发展。提高语言服务行业的服务质量，增强市场竞争力。推动文化翻译传播与语言服务行业的深度融合，提升服务水平和质量。加强国际合作与交流，促进语言服务行业和文化翻译传播的全球化发展。针对不同的国家和地区，制定相应的语言服务行业和文化翻译传播发展策略，以适应不同的文化和市场环境。

具体来说，一是提高语言服务行业的专业水平和服务质量。随着全球化的发展和信息技术的进步，语言服务行业越来越重要。因此，对于从事天府文化翻译传播的语言服务从业人员来说，提高专业水平和服务质量是很关键的。可以通过招聘更多的专业人才、提供更好的培训和教育、使用更先进的技术等方式来实现目标。二是加强文化翻译传播的专业化和规范化建设。文化翻译传播的质量对跨文化交流及其结果至关重要。为此，需要加强天府文化翻译传播的专业化和规范化建设，制定更加严格的标准和流程，提高从业人员的专业水平和素质。三是重视语言和文化的交流和融合。语言和文化是相互关联的，只有在相互交流和融合的基础上才能实现有效的跨文化交流。天府文化翻译传播和语言服务行业需要重视语言和文化的交流和融合，鼓励跨语言、跨文化的交流和合作，为传播天府文化提供更好的服务。四是加强国际合作和协调。语言服务行业和文化翻译传播需要在全球范围内开展合作和协调，对此可以通过组织国际性的天府文化研讨会、开展国际性的天府文化项目、建立国际性的天府文化交流合作机制等方式来实现。五是加大政策支持力度。政府对语言服务行业和文化翻译传播的支持和引导尤为重要。政府可以出台相关政策和措施，鼓励企业加大投入，促进天府文化产业行业发展。同时，政府还可以提供相关培训和教育资源，提高从业人员的素质和能力，促进行业的规范化。

3. 文化翻译传播内容向语言服务转向

文化翻译传播的内容转向语言服务以满足国际化需求，其原因有三个方面。一是政府层面。如前所述，在全球化的今天，文化翻译传播被升级为"语言服务"。作为一种接轨全球文化产业行业发展的国际化行为，语言服务本身具有重大的战略意义，也是我国全方位走向世界的文化服务（马佳瑛，2022），因此，天府文化翻译传播的发展必须站在国家战略高度重新定位和思考，应意识到语言服务是服务国家发展的重要组成部分。二是经济层面。党的十八大以来，"一带一路"建设成为时代赋予青年的使命和任务，培养顺应时代要求的文化翻译传播人才已是高校一项迫切的任务。在此背景下，天府文化"走出去"的速度逐渐加快，文化翻译传播人才是天府文化"走出去"的坚强后盾。文化翻译传播教育应该服务于国家战略需求，注重高端翻译人才和多语种翻译人才的培养，着力提升人才培养质量，实现高层次语言服务人才的供需平衡（马佳瑛，2022）。三是文化层面。天府文化"走出去"之后，还要"走进去"，而"走进去"则需要跨语言、跨文化的复合型复语型人才，这也是推动我国语言服务产业发展的潜力和竞争优势。而要真正实现"走进去"，不仅是对我国语言服务行业发展的挑战，也是对国家经济、文化软实力的考验。这些因素都促进天府文化翻译传播内容向语言服务转向。

4. 开展天府文化翻译特色教育促进课程设置的转变

结合特色各异的天府文化，积极服务天府文化传播，体现了翻译转向语言服务的社会需求。如前所述，高校可以充分利用关于天府文化的双语材料探索天府文化传播的语言服务人才培养模式，进一步优化相关天府文化翻译传播的课程设置，培养具有国际视野、通晓国际规则、能够参与国际事务和国际竞争的人才。各级院校积极提高国际化水平，通过加强与其他国家的交流合作，引入优质教育资源。例如，高校可以设置与天府文化传播相关的课程，积极拓展与天府文化相关的课程内容，让更多师生了解天府文化的底蕴，感受天府文化的价值，并从内心深处喜爱天府文化；结合学生的身心发展特点开设天府文化鉴赏课程，传播与天府文化相关的知识内容（马静，2023）。第二课堂是高校教育的重要组成部分，是促进学生德智体美劳全面发展、实现人才培养目标的重要手段（仇全菊，宋燕，2021）。此外，还可以联合语言服务行业企业设置天府文化翻译课程，弘扬区域特色文化。例如，国家语言服务领域特色服务出口基地的语言服务行业企业开发国际通用的专业标准和课程体系，推出一批具有国际影响力的高质量专业标准、课程标准、教学资源，打造区域特色文化教育国际品牌。

5. 高校教学理念的转变

文化翻译传播不能只停留在通用翻译教学上，而要转向能给社会发展提供更大助力的文化语言服务（马佳瑛，2022）。翻译专业硕士（Master of Translation and Interpreting，MTI）自获批以来，国内多所高校招收了 MTI 研究生，向社会输送了大量翻译人才。翻译专业从学科教学转向语言服务成为必然趋势（马佳瑛，2022）。然而，MTI 毕业生在产业行业专业知识、翻译技术与工具应用能力、责任感、独立工作能力、沟通能力、学习能力等方面都有待提高，以满足行业发展对翻译人才的需求（马佳瑛，2022）。目前，天府文化传播的语言服务产业类型呈多样化发展态势，人才培养和市场需求还存在一定差距，业界专家已提出设置语言服务学科与专业的设想，并从人才培养模式、技术创新等方面提出了针对性建议（马佳瑛，2022）。由此，教学思路的转变体现了翻译转向语言服务的社会需求。例如，国家语言服务出口基地语言桥一直是众多高校的实习基地，开展校企共建、校企融合、校外导师等合作模式，助力高校完成国际化的任务及目标，为其引进、输出和开发各类课程提供支持。近年来，随着高校国际化进程加快及国际产能合作的人才需求激增，国家语言服务出口基地企业行业继续加大产教研融合，为文化翻译传播及人才海内外就业提供全方位支持。

综上所述，语言服务行业是促进文化翻译传播的重要力量，而文化翻译传播则为语言服务行业提供了广阔的市场和发展机遇。语言服务行业和文化翻译传播的协同发展和互动关系不断推动着彼此的发展。语言服务行业和文化翻译传播是相辅相成、相互促进的关系。在全球化和多元化的背景下，二者的协同发展有助于促进不同文化之间的交流和理解，也有助于推动语言服务行业的创新和发展。语言服务行业和文化翻译传播将继续发挥重要作用，为各行各业的国际交流和合作提供更加全面、专业和高效的支持。高校是不可或缺的语言服务供应方，担负着为语言服务单位提供人才的职责。虽然课堂翻译教学侧重理论研究，但语言服务走出了校园，侧重需求与服务。作为语言服务人才培养的主力军，高校要着力优化文化翻译专业学科建设，探索大范围的学科交叉，实现从学科教学到语言服务的成功转型，向社会输送能服务于国家需求，具有语言技能、文化素养和专业领域知识的多元化语言服务人才（马佳瑛，2022）。

二、新媒体产业赋能文化翻译传播

数字技术与文化翻译传播之间的互动关系是一个值得探讨的话题。如前所述，数字技术的发展使得文化翻译传播的效率和质量得到了显著提高。数字技术的快速发展和普及已经对社会、经济和文化等多个领域产生了深刻的影响。

1. 数字技术为天府文化翻译传播赋能

在数字技术的帮助下，天府文化得以更好地传承和传播，同时天府文化传播也对数字技术的发展和应用提出了更高的要求和挑战。一方面，数字技术可以更好地帮助人们传承和保护天府文化遗产。例如，数字化档案和虚拟博物馆等技术使得天府文化遗产得以更好地保存、传承和传播。此外，数字化技术还可以帮助天府文化传统更好地与现代科技相融合，推动文化翻译传播的创新和发展。例如，数字艺术、数字游戏等领域正成为天府文化创意产业中的重要组成部分。另一方面，天府文化的多样性和复杂性也给数字技术的发展和应用带来了挑战。要充分考虑天府文化各领域之间的差异性，如语言的多样性、文化习惯和历史背景等，这些都需要在翻译过程中更加细致地处理。同时，运用数字技术时也要考虑天府文化的价值和伦理标准，避免歪曲。因此，数字技术与天府文化翻译传播之间的互动关系是相互促进、相互制约的。在数字技术的发展中，要更加重视天府文化的多样性和复杂性，从而更好地实现数字技术与天府文化翻译传播之间的良性互动。

2. 数字技术为天府文化翻译传播提供技术支持

数字技术也使得文化翻译传播能够更加便捷地实现跨语言交流，促进文化交流和跨文化理解。数字技术的应用提高了翻译工作的效率、质量和准确性。例如，语言桥的机器翻译技术可以帮助翻译人员快速完成大量翻译任务，提高工作效率。同时，人工智能也有助于提高翻译质量，可以通过自然语言处理技术对翻译结果进行自动修正和优化。例如，语言桥开发的智慧翻译教学实训系统（PBLT）、多语数据管理系统（MC）、人机共译系统（MH），就是使用机器翻译技术的在线翻译软件，能够自动识别并翻译多种语言。数字技术也可以提高翻译的准确度，避免人工翻译中出现的错误和漏洞。例如，语言桥机翻引擎（LanMT）利用语音翻译技术通过语音识别和自然语言处理技术将语音内容直接转换为文字，并自动进行翻译，一定程度上避免了人工翻译中可能出现的识别错误和翻译不准确的问题。此外，数字技术的发展使得天府文化翻译传播不再受地理位置和时间的限制。例如，天府文化虚拟展览不仅方便了观众，还扩大了艺术家和天府文化机构的影响范围。

3. 数字技术将进一步推动天府文化翻译传播的多样性

数字技术使得天府文化不同领域之间的交流更加便捷和多元化。例如，通过线上直播，观众可以实时观看天府茶文化、非遗文化、戏剧、文旅推介、音乐会等相关文化活动，促进文化交流和理解。同时，数字技术也将促进天府文化产业的发展。数字化平台上的天府文化产品能够更广泛地传播和推广，进而为文化产业带来更多的商业价值和发展机遇。例如，在视频平台通过数字化技术和多语言字幕翻译推广天府文化，向全球观众展示天府特色文化。同时，这些技术的应用可以更好地保护和传播天府文化，提高文化传播的效率和覆盖面。通过数字化技术，天府文化资料，如文献、图片、音频、视频等，可以被快速、准确地保存、检索和传播。数字图书馆、博物馆可以将天府文化文献数字化，从而让更多人在线查阅。人们可以通过网络远程参观博物馆，浏览博物馆的天府文化藏品和展品。这种技术在天府文化传播中的应用，可以为更多人提供天府文化体验，推动天府文化翻译传播的创新和进步，促进文化多样性和跨文化理解。

值得一提的是，数字技术将推动天府文化的跨界传播和深入交流。通过数字化档案、虚拟博物馆和在线展览等技术，人们可以在任何地方浏览和学习其他国家和地区的文化，有助于打破地理障碍，促进文化的交流和传承。例如，天府文化数字化图书馆、相关的社交媒体、在线论坛和博客等网络平台，使得人们可以交流和讨论各种文化和跨文化问题，增进人们对不同文化和习俗的理解和尊重。未来数字技术对天府文化翻译传播的影响和意义之一就是助力推动文化多样性和跨文化交流的发展，促进不同文化之间的了解和尊重。

4. 数字技术应用于天府文化翻译传播涉及多学科

数字技术应用于天府文化翻译传播涉及计算机科学、语言学、文化学、传播学等多个学科领域。未来可以加强跨学科合作，推动数字技术在天府文化翻译传播中的应用和发展。发展多模态翻译技术，结合语音、图像、视频等多种模态的信息，实现更全面的文化翻译传播。基于虚拟现实和增强现实的文化传播技术，保护和传承天府文化遗产，如利用虚拟现实技术创建虚拟天府文化博物馆和天府文化在线展览。数字技术在文化翻译传播中的发展方向应该更加智能化、人性化。在语言翻译方面，机器翻译和语音翻译的技术还需不断提高，以更加准确地理解和翻译各种语言。在文化传播方面，数字化档案、虚拟博物馆、在线展览等也可以更加智能化，让人们能够更便捷地获取和分享天府文化资源。还可以通过社交媒体平台、在线视频和音频等方式传播天府文化，利用电子商务平台销售文化产品和服务。提高天府文化产品和服务的质量，是吸引更多人了解和喜爱天府文化的关键，这就需要注重文化产品和服务的原创性、独特性、专业性和可持续性。

综上所述，在数字时代天府文化传播是一个充满机遇和挑战的领域，要加强研究和实践，充分发掘其潜力和价值，为推动中华文化走向世界做出更大的贡献。天府文化传播研究唯有把握机遇、直面问题、突破瓶颈、拓展空间，才能努力建立起天府文化传播特色的研究话语体系，在服务国家与社会、回应时代召唤下焕发出持续的生机与活力。在宏观层面，制定人工智能赋能天府文化传播人才培育规划，支持天府文化传播人才的培育、引进，加强对天府文化传播人才的培养和扶持。在微观层面，结合天府文化产业发展的顶层设计，高校从天府文化产业现阶段和未来发展及不同类型的行业对人才的需求出发，培育、扶持和引进天府文化传播技术赋能翻译的复合型人才。

三、多举措推进行业实践与翻译教学融合

在全球化背景下，高校采用何种教学方式才能更加深入地挖掘和传承天府文化是值得思考的问题。高校应致力培养优秀的传播天府文化的人才，通过科学研究、社会服务等途径促进天府文化的传播（马静，2023）。要促进天府文化的传播与发展，就要将天府文化融入人们的日常生活，增强人们对传统文化的认同感，促进传统文化的创新发展。为了更好地传承优秀文化，让更多学生积极学习天府文化，就要制定多种举措，重视行业实践与翻译教学的融合。

1. 利用行业语料库提高学生的双语转换能力

近年来，语料库的相关研究已给翻译、教学研究领域带来了很大影响，成为新兴趋势和发展方向，这也为天府文化翻译传播教学提供了新的视角。翻译是把一种语言或文字表达的意义、内容、信息用另一种语言或文字表达出来的语言符号转换活动（赵丽丽，宋欣阳，2021）。平行语料库同时包含源语言和目标语，基于平行语料库的翻译教学模式，学生可以

利用语料库的检索功能，迅速、直观地观察双语的转换结果，从而增强对双语的敏感度，跨越理解障碍，有利于提高学生的双语转换能力，并能够帮助学生在不同语境中得到恰当的对等词（曾衍文，2018）。另外，学生利用语料库提取原文与译文并进行比对，再反思自己的译文，可以有效引导学生分析源语的特点及源语和目标语的相似性与差异性，避免对翻译理论知识的死记硬背。如前所述，教师可以引导学生利用优秀的双语文本，通过独立思考或者小组合作与讨论的方式掌握天府文化翻译要领。学生通过语料库，比对自己的翻译与他人的翻译，可以深刻地领悟差距所在，不断校验、积累，提升翻译的准确性和流畅性，切实提高自身的双语转换能力，形成天府文化翻译风格和传播交际策略。

语言和文化密不可分，语言是文化的基石，同时语言又受到文化的影响与制约。人们在使用语言时容易受到本民族文化的限制和影响，教师将平行语料库应用于天府文化翻译传播教学范式中，可以促进学生将外语与汉语语言的运用和现实世界联系起来；鼓励学生基于语料库共同参与知识构建，促进其创造力和交际能力的提高。语料库通过提供大量的真实例句，可以使学生直观地区分汉语与外语的用语环境，主动思索两种用语的文化差异，不断跨越隐性文化障碍，从而培养其跨文化意识和跨文化交际能力，使学生在今后的跨文化交际过程中能够敏锐选择恰当、得体的用语进行翻译。因而，双语材料可以为天府文化翻译传播教学提供新途径，有利于培养学生的跨文化交际能力，有利于造就国际型翻译人才。

2. 加强应用实践导向的天府文化翻译教学

根据当前翻译学科建设成果和现状，加强行业实践与天府文化翻译传播教学，主要可以做好以下三件事。一是完善文化翻译传播教育教学体系。现在虽然已经有了翻译学士、硕士和博士学位，但是高层次、复合型、应用型的文化翻译专业人才，能够承担文化产业行业工作的翻译人才并不多。进一步论证、设置文化翻译传播学科方向，才能逐步完善产教研融合的翻译专业人才培养体系。二是深化学科建设内涵。加强文化翻译传播教育教学的理论构建和探讨，转变人才培养理念，改革人才培养模式，例如，建设天府文化翻译传播行业师资培训班在内的教师教育平台，建立人才培养产教研资源共享体系，建设以产教研团队、教授团队、管理团队为核心的人才培养团队，提高硬实力和软实力，加强产教研的翻译学科建设。三是建立人才评估和保障体系。例如，建立文化翻译传播学科方向的课程标准、翻译人才行业标准、翻译教师行业标准和产教研评估标准等。

3. 采取不同的翻译策略以适应社会行业需求和文化差异

在文化翻译传播教学中，教师要引导学生采取不同的翻译策略来适应社会行业需求和文化差异。首先，适应目标文化是文化翻译传播的一项重要策略。这意味着译者需要了解目标语言的文化和社会背景，以更好地传达源语言的信息。译者要将源语言中的文化元素转化为目标文化可以理解和接受的形式。这种适应目标文化的策略可以应用于天府文化翻译传播领域，如天府文化宣传材料的翻译传播。其次，在文化翻译传播教学中，教师引导学生保留源语言特点也是一种重要的策略。这意味着译者需要尽可能保留源语言中的文化元素和独特性，以便更好地传达文化信息。例如，大熊猫在全球范围内非常受欢迎，这与大熊猫身上独特的天府文化元素息息相关。译者在翻译有关大熊猫的题材时，要注意保留这些文化元素，以便更好地吸引目标受众。再次，本地化翻译是一种将翻译内容与目标文化结合起来的策略。这意味着译者需要根据目标受众的文化、语言和社会背景进行翻译。例如，当将天府文旅项目输出到国外市场时，译者需要将项目中的文化元素转化为受众可以理解和接受的形式。教师可以启发学生，本地化翻译也可以应用于游戏、软件和其他产品的翻译传播中。最后，在进行文化翻译传播教学时，教师引导学生关注跨文化沟通障碍等问题。译者要注意避免使用源语言中的隐喻、俚语和其他语言特点，这些内容可能在目标文化中没有相应的含义。

第二节　产教研融合视角下的文化翻译传播需求

文化翻译传播需要三个方面的协同：一是政产教协同，即政府、行业和学校协同发展；二是产教研协同，即学校要与用人单位、企事业单位、社会组织等协同育人；三是学科交叉协同，即加强学科对复合型、应用型翻译人才的协同培育。

一、面向国家发展战略需要的文化翻译传播

随着全球化的发展，不同文化之间的交流与互动越来越频繁。而在这个过程中，文化翻译传播扮演着至关重要的角色。文化翻译传播作为一种跨越语言、文化和思维的沟通方式，可以帮助人们理解和接纳对方的文化、价值观和习惯，从而促进各国之间的交流与合作，推动国家的发展。

1. 立足国家发展需要

要从国家发展需要出发，在政策支持、法律制定及规划设定等方面，发展文化翻译传播。第一，根据国家战略发展需要，制定相关发展规划、政策法规。具体包括：实行翻译立法，借鉴国内外相关实践，结合中国国情和文化翻译传播现状，在翻译人员的资格和权力、翻译市场的管理和规范、翻译质量的控制和保障等方面建立相关法律法规，做到有法可依；组织相关部门和行业协会进行充分论证，制定国家翻译（语言）服务中长期发展规划，保证文化翻译传播行业发展的可持续性；将人才培养的国际化和民族化相结合，培养小语种和民族语言翻译人才，建立国家翻译人才储备；建立翻译教育的保障体系，做到以学生为本和教师关怀。第二，实行学术精品海外推广工程。如"天府文化走出去"整体战略规划研究、海外推广现状及存在问题调研、国际推广策略与传播模式研究、人才培养与质量保障机制研究。第三，增强中国国际学术话语权，切实承担起高校传播

天府文化思想学术精品、培养具备国际对话能力的学术精英、参与和促进跨文化交际等一系列使命。

2. 促进各国之间的交流与合作

文化翻译传播有助于人们理解彼此的文化和习俗，增进理解和信任，进而促进各国之间的交流与合作。在各国经济、政治、文化等领域的交流与合作中，文化翻译传播起到了非常重要的作用，它将各国的文化、历史和社会背景等信息进行有效的传递和转化，从而实现相互间的理解和交流。当今世界，一方面，各国致力推动文化多样性的保护和发展。文化翻译传播可以帮助人们了解和接受不同文化之间的差异性和多样性，从而推动文化多样性的保护和发展。另一方面，各国也致力提高国家的国际竞争力。文化翻译传播可以为国家带来经济、文化和政治利益，进而提高国家的国际竞争力。在全球化背景下，可以利用文化翻译传播推广优秀传统文化，增强国家软实力和国际影响力。

例如，中国的"一带一路"倡议也通过文化翻译传播来推广中华文化。通过在"一带一路"沿线国家建设文化中心、举办文艺演出、出版翻译作品等方式推广中华文化，从而帮助中国企业开拓市场，提高国际竞争力和文化软实力，引起国际社会的关注和认可。又例如，天府文化元素，如茶道思想、非遗文化等，在世界范围内都有着一定的影响力。通过天府文化翻译传播，中华文化及其思想内涵得以传播到更广泛的国际社会。文化翻译传播还可以为国际关系的和谐与稳定提供支持。文化交流是国际关系和谐与稳定的基石，而文化翻译传播是实现文化交流的重要手段。天府文化翻译传播有助于国家之间建立起理解和信任，为合作提供坚实的基础。

二、面向社会需求的文化翻译传播

天府文化翻译传播不仅是语言和文字的转换，更涉及文化内涵的传递和解读。然而，天府文化翻译传播面临着诸多问题和挑战，如语言和文化的差异、价值观和认知模式的差异、权力关系的影响等。如何从社会需求的角度分析天府文化翻译传播，更好地促进文化交流和沟通，成为天府文化翻译传播研究的热点。

1. 满足社会需求，保证文化交流的顺利开展

文化交流是不同文化之间交流互鉴的过程，也是促进不同文化之间相互理解和尊重的重要途径。在当今全球化和文化多样性的背景下，文化交流对促进跨文化沟通和推动文化发展具有重要意义。然而，文化交流的过程中也存在着一系列的社会需求，满足这些需求才能保证文化交流的顺利开展。一是文化认同的需求。不同文化之间存在差异，人们需要通过文化交流来增进对自身文化的认同和信心。二是文化传承的需求。文化交流也是文化传承的重要途径。通过向外界展示天府文化，可以让更多人了解和认识天府文化，从而传承和发扬天府文化。三是跨文化沟通的需求。在全球化的背景下，跨文化沟通已经成为常态。通过文化交流，不同文化之间相互了解，增进彼此理解和信任，避免由于文化差异而产生的误解和冲突。总之，文化交流和社会需求是相互关联的。满足社会需求才能更好地开展天府文化交流，推动天府文化的传承和发展，增进跨文化沟通和理解。

2. 重视社会需求对天府文化翻译传播的影响

社会需求推动天府文化翻译传播发展，其对天府文化翻译传播的影响主要体现在以下几方面。一是促进文化交流。例如，近年来天府文旅项目在海外市场受到广泛欢迎，这得益于天府文旅宣传作品在海外市场的翻译传播，也推动了相关项目更深层次的海外翻译传播。二是满足人们的文化需求。文化翻译传播可以满足人们对不同文化了解和认识的需求。例如，近年来有关天府文化的图书出版和文化交流逐渐走向国际，*HELLO CHENGDU* 等期刊对天府文化相关内容进行翻译进而在国际市场上推广，

这满足了海外读者了解和认识天府文化的需求。三是促进文化创新。例如，天府蜀锦文化在海外市场的翻译传播，不仅让海外受众了解和认识天府蜀锦文化，也为天府蜀锦文化和天府文化在国际市场上的推广和创新提供了更广阔的空间。四是提升国家文化软实力。例如，天府非遗文化交流更加国际化，相关的纪录片、电影、电视剧、文学作品等在国际市场上翻译传播，让更多国家和地区了解和认识天府文化，提升了国家的文化软实力。

3. 整合社会各业界资源

应将学界和社会各业界力量结合起来，联合翻译产业、行业协会和高等学校，多方合作，共同促进天府文化翻译传播的发展。具体来说，翻译行业可以参与高校翻译人才培养方案和课程标准制定，参与翻译教学实践和教师培训，和高校一起共建实习实训基地及教学平台，并开发天府文化翻译传播教学资源库。翻译及语言服务相关行业协会应担负起制定并推行行业规范、维护行业秩序的重任，协调高校、企业、政府相关管理部门之间的关系，促进天府文化翻译教学和行业发展之间的衔接。培养翻译专业人才的高校，除在培养应用型职业翻译人才和高级翻译管理人才过程中紧跟市场发展之外，还应从学界的角度开展天府文化翻译传播行业的相关调研和研究，帮助产业行业解决现实问题，关注天府文化翻译技术、本地化和翻译管理等翻译行业的最新发展，并融合到翻译教育教学过程中。在天府文化翻译传播中，需求的个性和共性对文化的传播和接受有着重要的影响。因此，从社会需求的角度研究天府文化翻译传播，可以更好地把握文化交流的需求和趋势，推动天府文化翻译传播教学的深入发展。

三、面向新文科建设的文化翻译传播

新文科建设是适应社会发展和提高人才素质的必然选择。在新文科建设过程中，要注重跨学科融合、注重实践能力和社会现实，同时也要解决教师队伍建设、学科体系和教育理念转变，以及行业认可和发展空间等问题。

1. 翻译视角下的新文科内涵

新文科建设的成效已经初步显现，但还需要不断完善和发展。新文科是相对于传统文科而言的，它强调跨学科交叉和实践性，旨在培养具备综合素养、创新精神和应用能力的人才。从翻译视角探究新文科的概念和内涵，可以从以下几方面详细论述。一是跨学科交叉，新文科不再是传统文科的单一学科，而是涉及多个学科的交叉。例如，文化与传媒学、数字人文学、语言与翻译学等，这些学科的交叉可以打破传统文科的学科界限，推动学科间的互动与合作。二是实践性，新文科注重实践与理论的结合，强调对社会、文化、经济等实际问题的探索和解决。例如，在数字人文学中，学生需要通过数字技术手段对天府文化遗产进行数字化保护与展示，促进数字技术与天府文化保护的融合。三是综合素养，新文科培养的人才不再是单一学科的专才，而是具备多学科知识和综合素养的全才。例如，在天府文化翻译与传媒学中，学生需要掌握文化学、传媒学、政治学、经济学等多个学科的知识，以更好地研究和解读文化现象。四是创新精神，新文科鼓励学生开拓创新思路，探索新的学科问题和解决方案。例如，在天府文化翻译传播中，学生需要探索翻译新方法，研究多语种语境下的文化差异和交流方式，促进跨文化交流与理解。

2. 新文科注重跨学科交叉与融合创新

新文科注重跨学科交叉、融合创新。这种跨学科交叉是指将不同学科领域的知识相互融合，形成新的研究视角和方法，以更好地解决实际问题。例如，天府文化翻译传播涉及文学、语言学、传播学等多个学科领域，通过跨学科学习能更好地把握文化翻译传播的内在规律和实践策略。新文科鼓励不同学科之间的合作和交流，这种交流和合作有助于促进文化翻译传播的深度和广度。此外，新文科还倡导创新性思维的培养。在知识经济时代，知识创新已成为经济增长的重要驱动力之一，新文科强调培养学生的创新性思维，以适应不断变化的社会需求和知识体系。

3. 关注天府文化翻译传播对新文科建设的促进作用

在未来的发展中，需要更多地关注社会需求和学生实践能力的培养，推动新文科专业更好地适应社会发展的需要，为社会培养更多具有高素质、创新能力和社会责任感的文化翻译传播人才。天府文化翻译传播对新文科建设的促进作用主要体现在以下几方面。一是培养学生的文化素养，如前所言，天府文化翻译传播涉及文学、艺术、历史、哲学、社会等多个领域的知识，要对天府文化翻译传播进行深入研究和探讨，必须具备较高的文化素养。二是提高学生的语言水平，天府文化翻译传播需要熟练的语言技能作为基础。对于外语专业的学生来说，翻译作为一种语言运用的形式，可以有效地提高学生的语言水平。三是推动跨学科合作，天府文化翻译传播涉及多个领域的交叉，需要跨学科的合作。例如，在翻译一部天府文学作品时，需要语言学、文学、历史等多个领域的知识，这些学科的交流与合作有助于促进新文科的建设。四是丰富新文科的教学内容，天府文化翻译传播是一个丰富多彩的领域，可以为新文科的教学内容提供丰富的案例和素材。例如，在文学、电影等学科的教学中，可以引入天府文化翻译传播的案例和分析，丰富学科的内容。

4. 新文科建设与天府文化翻译传播相互促进、相互补充

新文科建设可以为天府文化翻译传播提供多方面的支持，如培养人才、提高学术水平、推动文化交流等；而天府文化翻译传播则为新文科建设提供了具体的实践和创新案例，促进新文科建设的深入推进。具体来说，新文科建设可以为天府文化翻译传播提供人才支持。随着新文科建设的发展，相关专业的学生人数也在逐年增加，这些学生在学习和研究过程中积累了一定的天府文化知识和翻译技能。例如，成都大学的文明互鉴与"一带一路"研究中心依托古典学、文艺学、比较文学、传播学、翻译学、

符号学等跨学科方面的优势，开辟新时代媒体"丝路"，借助协同中心的传播平台，打造国际级文明对话平台；成都大学天府文化研究院以"传承巴蜀文明，发展天府文化"为宗旨的天府文化学术研究和社会服务机构，建设开放式的学术平台，荟萃国内外一流专家学者。这些都为成都建设国家中心城市、打造世界文化名城提供了文化翻译传播人才支持。

天府文化翻译传播也可为新文科建设提供实践支持。文化翻译传播在实践中不断探索和创新，通过跨文化沟通、多语种翻译等手段促进文化交流。这些实践不仅为新文科研究提供了宝贵的案例和实践经验，还推动了新文科建设的深入发展。例如，在"一带一路"倡议推动下，中国与沿线国家之间的文化交流愈发频繁，天府文化翻译传播项目接连出现，这些实践为新文科研究提供了丰富的案例和素材。综上，新文科建设与天府文化翻译传播是相互促进、相互补充的关系，通过加强协同合作，两者可良性互动，互相促进。

5. 新文科建设与天府文化翻译传播的合力贡献

新文科建设与天府文化翻译传播的结合，不仅在理论研究层面产生了诸多启示和思考，也在实践层面得到了创新和成果。首先，新文科的课程设置与天府文化翻译传播的实践教学结合，为学生提供了更为系统、多元、实用的知识体系。例如，成都大学天府文化研究院调动各方资源，开展天府文化研究，制定天府文化课题研究规划，深入研究天府文化，全面把握天府文化内涵、特征、发展源流、时代传承、现代实践等；面向全国发布天府文化研究课题，融合文化传播、文化策划和文化市场等，培养具有文化创意产品开发能力和文化创新创意思维的复合型人才。其次，新文科学科群的跨学科特点与天府文化翻译传播的国际化特征相结合，推动了学科研究的深入和拓展。如前所述，成都大学文明互鉴与"一带一路"研究中心促进翻译学与跨文化传播学科的跨界融合和创新，推进文化翻译传播领域的理论与实践研究。最后，新文科建设与天府文化翻译传播的结合也在文化产业创新方面取得了一定的成果。例如，成都大学天府文化研究院以天府文化研究为主题，组织和参与国际性、全国性、地方性的学术交流活动，扩大了天府文化研究影响力。总之，新文科建设与天府文化翻译传播的结合，不仅在学科建设、教育教学、学科研究和文化产业创新等方面发挥了积极作用，也为提升我国文化软实力和增强民族文化自信做出了贡献。

6. 新文科建设与天府文化翻译传播结合的发展趋势

随着世界经济和文化的快速发展，新文科建设与天府文化翻译传播的结合已经成为一种趋势，未来发展主要包括以下几方面。一是利用技术手段推进天府文化翻译传播。随着科技的不断发展，互联网、人工智能、大数据等技术手段在文化翻译传播中的应用越来越广泛，例如，利用机器翻译、语音识别技术，可以提高文化翻译传播的效率和精度，让更多人了解和接受不同文化的艺术作品、文学作品等。二是培养更多专业化、跨文化的人才。新文科建设与天府文化翻译传播结合的发展需要更多专业化、跨文化的人才来支持，未来应持续关注新文科教育和文化翻译传播人才培养。三是推动多元文化的交流与合作。随着全球化进程的加快，不同文化之间的交流与合作越来越重要，未来要进一步加强多元文化的交流与合作，推动天府文化翻译传播的跨文化交流与合作。四是促进天府文化创新与创意产业发展。新文科建设与天府文化翻译传播结合的发展能够为天府文化创新与创意产业的发展助力，为天府文化创新提供坚实的基础和有效的途径。综上，新文科建设与天府文化翻译传播结合具有重要的意义和作用，未来要加强跨学科、跨领域的合作与交流，推动新文科建设与天府文化翻译传播的共同发展。

第三节　产教研融合视角下的文化翻译传播透视

在产教研融合背景下，文化翻译传播是一种文化创新和融合的方式，能够促进不同文化之间的交流和融合，产生新的文化产品和文化观念，增强国家文化软实力，促进经济的发展和繁荣。文化翻译传播教学要促进师生的跨文化交流和理解，帮助学生更好地认识和了解其他文化，拓展其视野和思维方式。

一、创新天府文化翻译传播内容

文化内容以整个社会为反映对象，用独特视角反映社会生活，形成浓厚而鲜明的时代色彩。文化内容的翻译与地域环境、时代背景、产教研融合背景等语境息息相关。

1. 构建复合的天府文化翻译叙事

天府文化翻译叙事包括官方宏观层面的叙事和行业微观层面具体故事的讲述，推出了形态丰富的天府文化传播产品，助力产教研合力培养文化传播人才，使其成为传播与弘扬天府文化的使者，有效提升天府文化的传播力。在此背景下，构建多主体的、立体的、有温度和有深度的翻译叙事，相关行业协会要积极发挥作用，为文化翻译传播行业的健康快速发展创造条件。翻译协会在提升翻译质量方面，应采取推动实行行业准入制度、建立翻译质量监督与评估机制、加大翻译专业人才培养力度，倡导职业道德、加强翻译行业自律等措施。译者则应当认识到权利与义务的辩证关系，在为自身争取权益的同时，也要恪守行业准则，以身示范，维护行业形象。翻译用户则要充分认识跨文化传播的重要性和翻译工作的专业性（黄友义，2022）。同时，以上各方都应积极拥抱新兴技术，推动技术赋能天府翻译传播行业未来的发展。

2. 设置天府文化旅游实践课程

成都周边的甘孜藏族自治州、阿坝藏族羌族自治州、凉山彝族自治州民族文化丰富多样，绚烂的民族文化在语言、文字、艺术、非物质文化遗产等方面都为学生提供了丰富的学习资源；此外，也有诸多享誉海内外的绝美风光，如世界自然遗产九寨沟和卧龙国家级自然保护区。为学生开设西南地区民族文化旅游实践课程，可以使学生更加深入地体验、认识西南地区民族文化，获得认同感，助推成都成为世界旅游名城（刘兴全，崔晓，智凌燕，2022）。成都正在打造"非遗之都""设计之都""音乐之都""会展之都""美食之都"和"诗歌之都"，天府文化是其核心和灵魂，也是其独有的资源和优势。为了让学生更好地了解成都，更深入地知晓天府文化，高校可以开设天府文化体验课程，以天府文化为核心内容，采用实地体验的方式，让学生在研学旅行中加深对天府文化内涵的理解，感受其魅力，从而为天府文化传播助力。

二、关注天府文化翻译传播的行业要求

天府文化翻译传播作为一种跨语言和跨文化的交际活动，要求译者既要熟练掌握和运用两种语言，又要熟知两种文化的差异；不仅具备深厚的语言文字功底，还要具有较高的综合文化素养和跨文化意识，牢固掌握丰富的文化知识，努力积累翻译实践经验。在翻译时谨慎处理文化差异，准确把握文化内涵，真实再现原文风貌，恰当传递文化信息，更好地实现天府文化的交流与传播。

1. 关注目标语言背景和文化认知环境

天府文化翻译传播要考虑如何构建文化翻译传播的内涵和理念、文化翻译传播的渠道及文化翻译传播的产教研融合发展，使其适应目标语言背景和文化认知环境。如前所述，国外直接研究天府文化翻译传播的学者和理论成果还不多，相关研究多融合于外国智库组织、跨国公司、学术界关于中国问题或东方学的综合研究之中。综观国内外研究发现，目前天府文化翻译传播学术成果及对语言服务人才的培养无法适应国家经济和文化的快速发展，难以满足天府文化"走出去"所需要的语言国际化服务要求（马佳瑛，2022）。因此，天府文化翻译传播研究要考虑多方面的因素，并

综合考虑其语言特点、表达方式、文化背景和认知等因素，以确保翻译质量和准确性。译者的翻译目的、语言文化背景等因素均会影响其对文化特色词的翻译。在翻译过程中，译者若能兼顾源语和目的语的语言特色及文化差异，采用普通大众读者容易接受的表达方式，更有利于中华文化的传播与交流。而对于难以直译的特色文化词，译者可以采用音译加注释的方法进行翻译。

2. 天府文化翻译传播案例教学的行业实践

为了更好地提升翻译教学的效能，我们必须以培养学生的实践能力为目标，通过行业翻译案例教学激发学生的学习兴趣，提升学生自我创新和自我创造的能力、思考问题和解决问题的能力。大量研究表明，案例教学具有较高的实践价值。案例教学是一种兼具实践性、启发性、灵活性，提高学生发现问题、分析问题、解决问题等综合能力的创新型情景教学模式。在翻译教学中可以运用案例教学模式（石蕊，2012）。如前所述，*HELLO CHENGDU* 案例教学在应用于翻译教学的实践中，教师采取开放式教学思路，可提高学生的翻译实践水平，拓宽翻译教学整体思路，充分体现了课堂与社会、理论与实践的结合。案例教学应用的基本环节案例选编是首要环节（石蕊，2012）。本书选择翻译案例时除充分考量真实性，还要满足针对性、典型性和实用性，即符合应用翻译文体实用、使用和适用的特点。

案例教学作为创新文化翻译传播教学的一个新课题，具有鲜明的实践性、交互性、开放性和自主性（石蕊，2012）。真实性翻译案例源于社会实践，但并非任何翻译实践文本都可作为教学案例，最好选取文化产业行业的翻译实践案例。教师亦可鼓励学生积极参与案例建设，构建具有一定水平的案例语料库。天府文化翻译文本范围广泛，可选择新闻报道、产品说明书、影视字幕、旅游指南、法律文件等，便于学生理解，用所学翻译理论知识来分析相应文本。天府文化翻译案例除了要符合学生的知识结构和语言水平外，内容编排也要讲究由浅及深，由易到难，选取反映当代天府文化中政治经济、社会生态、科学教育、生活娱乐等领域的代表素材。典型的案例不仅可以让学生了解典型的翻译情境及其问题解决的方式，还可以达到举一反三、触类旁通的效果，这样才有研讨及借鉴的价值（石蕊，2012）。天府文化翻译案例的选择要与时俱进，从最新的翻译实践中提取案例，随时注意更新案例，以调动学生的学习兴趣。教师要从天府文化翻译实际中归纳翻译理论，并清晰地传递给学生；教师自身也要从事相关翻译实践，及时了解社会需求和行业最新动态，调整教学内容。

三、推广天府文化翻译案例教学模式

如前所述，产教研融合是文化翻译传播过程性构建中非常重要的一环。仅从理论入手并不科学，还应注重行业翻译实践的检验。学生学会了翻译，才能将所学的外语真正用于服务社会发展（唐巧惠，2017），才能成为适应经济发展、迎合产业需求的人才。以往的翻译教学模式存在弊端，学生的积极性和主动性难以调动起来，忽视产教研融合助力。基于产教研融合视角，翻译案例教学模式作为一种新型的教学模式，可以有效改善传统教学模式中的部分问题。

1. 推广天府文化翻译案例教学法的必要性

推广天府文化翻译案例教学法的必要性主要在于以下几方面：一是可以持续获取大量富有时代语言特征且具有开放性解决方案的天府文化典型案例；二是行业翻译案例涵盖译者训练的主要环节，特别是翻译策略问题；三是能够获得或培养适于行业翻译案例教学的合格师资（王传英，赵琳，2011）。将行业翻译案例引入翻译课堂，有助于打破传统的以教师为中心的课堂模式，转变为"以学生为中心"，学生自主讨论、自主分析，教师起引导作用。在这种教学模式下，学生在翻译课堂上通过将学习的翻译理论知识与具体的行业翻译案例相结合，从行业翻译案例中总结出翻译技巧与规律，既培养了学生的学习能动性，提高学生对翻译的兴趣，还可以使学生的翻译实践能力和创新能力得到提高（唐巧惠，2017）。由此，推广天府文化翻译案例的教学方式能够激发学生学习、了解天府文化的主动性，提升学生思维能力和语言表达能力，加深学生对翻译知识的理解和对翻译技巧的运用，最终提高其天府文化翻译传播综合能力。

2. 天府文化翻译案例教学法的应用

案例教学法是指教师用具有代表性的案例为学生创设学习情境，学生通过阅读案例、收集资料、讨论分析，以掌握相关理论知识，这是一种新型的以学生为中心的跨学科的主动教学。基于产教研融合视角，案例教学法为文化翻译传播策略提供了理论基础。以冯全功（2009）等为代表的学者探讨了案例教学模式在翻译课堂教学中的应用问题，王玉西（2012）等探究了案例教学法在翻译专业研究生教学课堂中的实施过程，甄晓非（2016）提出了贴近实际翻译任务的翻译案例教学模式。

笔者认为，翻译案例教学和翻译理论教学各有其特点，应本着将翻译理论与翻译实践相结合的教学目标，夯实学生的翻译理论基础，提高学生的翻译实践能力，将翻译案例教学与翻译理论教学合理结合。具体来说，在产教研融合视角下，教师可以利用天府文化翻译案例作为情景引入，让学生通过对此情景的研究讨论，获得与教学相关的结论。行业翻译案例是针对教学中的学习要点，把实际的行业翻译实践还原或再加工的情景材料，需要学生去讨论和解决（唐巧惠，2017）。将行业中真实的天府文化翻译案例引入课堂，能够为学生提供广阔的探究空间，更大限度地为课堂教学服务。

3. 天府文化翻译案例教学法的特点

行业翻译案例是对行业翻译天府文化传播文本的描述，涉及翻译传播的理念、内容、渠道、产教研融合的整个过程。天府文化翻译案例教学法以学生为中心、以实践为导向，通过天府文化行业翻译案例引发学生思考，培养学生的天府文化翻译传播能力。值得注意的是，案例教学法具有明显的开放性特点（王传英，赵琳，2011）。

具体来说，一是以学生为本。案例教学法突出学生的主体地位，教师通过情境带入创造良好的课堂氛围，学生在此过程中学习知识，提升实践能力，这种教学模式充分调动了学生的积极性，激发了学生主动学习的动力（刘榕，2020）。二是有利于学生翻译实践能力的培养，这是案例教学法的核心目标及优势。案例教学法给学生抛出实实在在的案例，对于学生职业能力的培养有着重要的意义（刘榕，2020）。从根本上帮助学生掌握翻译理论知识，使其所学理论能够指导实践，培养学生解决问题的能力，提高学生的翻译实践能力（刘榕，2020）。为了适应翻译传播人才培养新要求，教师在课堂设计中应该注意行业翻译案例文本的取舍、教学目标的制定和教学方法的灵活运用等（仇全菊，宋燕，2021）。三是案例教学法更适于培养应用型人才（王传英，赵琳，2011）。行业翻译案例素材具备典型性、时效性和启发性的特点，案例教学法趣味性高、参与性强，容易激发学生的求知欲望。另外，理论与实践更紧密地结合，先理论后案例或先案例后理论两种途径均出现在当代案例教学中（王传英，赵琳，2011）。尽管案例教学法注重实践，但理论的指导作用不但没有降低，反而在模拟实战中得到升华（王传英，赵琳，2011）。同时，案例教学活动的组织过程中，教师要加强对学生涉外沟通能力和跨文化交流能力的培养。例如，教师要借助天府文化翻译传播资源，引导学生增强文化自信，坚持中国立场，拓宽国际视野，掌握必要的跨文化知识和一定的跨文化技能。

第四节　产教研融合视角下的文化翻译传播走向

加强天府文化保护和传承，拓展天府文化的传播途径和国际影响力，创新天府文化的表现形式和表达方式，推动天府文化的融合和交流，为天府文化的传承和发展提供保障和支持。要增强天府文化翻译传播的影响力，就应该采用"积极开放""兼收并蓄"的态度来对待外来优秀文化，携手构建人类命运共同体。

一、天府文化翻译传播的文化影响

天府文化翻译传播的文化影响是多方面的，有助于提升天府文化认知度，促进文化交流，还可以起到改善城市形象等作用。具体来说，一是提升文化认知度，通过翻译传播，使更多人了解和认识天府文化，从而提高文化自信和认同感，促进文化多元化交流。二是增进文化理解，天府文化是一种独特的地方文化，其内涵丰富，需要通过深入的研究和了解才能真正理解其精髓。文化翻译传播可以让更多人有机会接触天府文化，了解其历史、文化、艺术等方面的特点，从而加深对天府文化的理解和认识。三是促进文化交流，天府文化的翻译传播还可以促进文化交流和融合，增强城市形象美誉度，让不同国家和地区的人们更好地了解彼此的文化，达到相互尊重、相互借鉴的目的。

1. 提升天府文化认知度

天府文化翻译传播要精心挑选天府特色文化符号，如茶文化、旅游文化、非遗文化、休闲文化等文化资源，激发受众对异域文化之美的好奇心，并以现代审美视角加以创新，赋予时代精神气质，发掘这些文化形态在精神文化层面所蕴含的精神内涵，浅中有深地呈现天府文化的深厚底蕴和魅力四川的精神风貌，触及受众的心灵，使他们产生共情与移情心理，收获"各美其美""美人之美""美美与共"的传播效果（郑海霞，2023）。游客通过旅游也能更好地了解和体验天府文化，增强天府文化认知度和感知度。中华文化已经走向世界，成为全球瞩目的焦点。天府文化翻译传播可以让更多人了解中华文化，进而激发中国人民的自豪感和自信心，增强民族认同感和归属感。

2. 提升城市文化软实力

以"创新创造、优雅时尚、乐观包容、友善公益"为精神内核的天府文化正成为宝贵的精神财富。一是提升城市形象。在全球化的今天，城市形象已经成为城市吸引力的重要标志，天府文化翻译传播有助于提高成都在国际上的知名度和美誉度，提升其在全球范围内的城市形象和品牌价值，促进文化交流和理解。天府文化作为中华文化的重要组成部分，天府文化翻译传播也能够展示中华文化的博大精深。通过介绍天府文化，受众可以更好地了解中国的历史、文化和价值观，增强不同文化之间的理解和沟通。天府文化翻译传播还有助于丰富成都城市文化底蕴，增加城市吸引力。

二是促进旅游和经济发展。天府文化翻译传播可以为成都的旅游和经济发展带来积极影响。成都地处中国西南地区，拥有丰富的历史文化和自然资源，是一个著名的旅游城市。天府文化翻译传播可以为成都旅游业带来更多的游客和商机，也可以为成都的经济发展带来更多的机遇和动力。天府文化翻译传播有助于旅游业和文化产业的发展，由此带动当地经济的发展和繁荣。同时，天府文化翻译传播有助于拓展市场，推动文化产品走出去，带动相关产业的升级和发展。文化旅游业、文化创意产业等都是具有很大发展潜力的产业，发展这些产业可以创造更多的就业机会，促进经济的发展和社会的稳定。

三是推动文化产业发展。天府文化是一种独特的文化资源，天府文化翻译传播可以进一步推动文化产业的发展。通过将天府文化融入文化创意产业，产生更多文化产品和服务，推动相关产业的升级和发展。通过天府文化翻译传播，更多人能够了解和认知其存在，从而增强市场认知度并拓展市场。

二、坚定天府文化自信自强

我们应该注重从认知心理和情感角度来研究天府文化翻译传播的问题，考察天府文化翻译传播中心理和情感因素对文化交流的影响，以更好地促进天府文化翻译传播，增强天府文化自信自强。

1. 坚持天府文化"走出去"

为了更好、更快地构建天府文化传播的新型国际话语体系，就要坚定文化自信，向全世界传播天府声音，讲述天府故事，构建与时俱进的话语体系，立足于天府文化的现实情况来予以提炼与总结，最终升华为天府文化理论。随着中国特色社会主义进入新时代，文化自信也需要提到更高层面，肩负更多使命（宋洁，2019）。党的十九大报告指出，"没有高度的文化自信，没有文化的繁荣兴盛，就没有中华民族伟大复兴""文化自信是一个国家、一个民族发展中更基本、更深沉、更持久的力量""推动中华优秀传统文化创造性转化、创新性发展"。由此，要进一步加大天府文化翻译传播人才的培养力度，这对向世界更好地讲述天府故事、传递天府声音具有重要的作用和意义。

同时，"一带一路"倡议的实施将带动沿线国家和地区的发展，沿线各国通过密切合作来加强基础设施建设，必将促进国际经济的"跨越式发展"，还会促进文化产业融合（吴明珊，于善波，刘宇会，2019）。换言之，天府文化与外来文化交流沟通，有利于实现多民族文化产业的相互融合。坚持天府文化"走出去"，推进与"一带一路"沿线国家和地区文化的互联互通，在全方位、多层次、宽领域的文化开放交流中，积极主动参与产业链的全球分工协作，讲好天府故事，不断扩大天府文化影响力。实施天府文化符号海外推广计划，精心筛选具有地方特色的标识性文化符号。在欧美重要城市设立天府文化展示窗口，引导四川文化企业在境外收购文化企业、演出剧场和文化项目实体，实现落地经营（刘彦武，李明泉，2018）。

2. 弘扬天府文化优秀特质

坚定天府文化自信，弘扬天府文化优秀特质，从天府文化中汲取智慧营养、延续文化基因（宋洁，2019）。天府文化自信源于不同文化的互动交融。要建设世界文化名城，就必须在新的历史起点上坚定天府文化自信，这是四川走向世界、面向未来的人文基础。我们要继续弘扬"创新创造、优雅时尚、乐观包容、友善公益"的天府文化，并推动其创造性转化、创新性发展，让天府文化成为我们心灵滋养的精神沃土，让人文天府享誉世界（宋洁，2019）。在天府文化翻译传播过程中，要坚守文化自信，文化符号的选择要有利于构建国家的积极形象，文化符号构建的意义要服务于国家形象的核心定位。

"创新创造、优雅时尚、乐观包容、友善公益"是天府文化的精神内核。以"创新创造"为天府文化内核、以"优雅时尚"为天府文化认同、以"乐观包容"为天府文化表达、以"友善公益"为天府文化传承的文化逻辑（杨玉华，万春林，2021）。"创新创造"是中华民族的精神基础，也是天府之国改革创新的文化基点。创新创造是从历史中分析出来的，并且也是融进成都人民血脉中的文化奠基（罗莲莲等，2021）。"优雅时尚"已经成为现代成都人的一种生活美学，更是当今社会的一种生活追求。这种环境下的生活品格与其浓厚的书香及传统文化相交融，形成了如今历史沉淀与现代文明相结合的时尚之都，正因如此，成都成了"一座来了就不想离开的城市"（罗莲莲等，2021）。"乐观包容"是天府文化历经几千年形成的一种海纳百川的文化气度与文化包容。作为古蜀文明发祥地的成都，充分体现出其乐观包容的文化特质。如前所述，古代成都的视野是广阔的，其开放而独特的文明发展模式曾领先世界。从三星堆、金沙文化中便可以看到成都与异域文化交流互鉴的影子；到了汉唐，成都则已具备"国际视野"，在成都驻留生活的外国人络绎不绝，民族的音乐舞蹈及金银器成为成都人生活的一部分（宋洁，2019）。成都自古就是移民城市，在历经数次移民潮和外来文化的冲击，天府文化非但没有被其他文化同化，反而将各种文化交流融合，海纳百川，不断发扬光大，彰显出天府文化乐观包容的内在基因（宋洁，2019）。正是因为这种文化的形成，成都人民大都体现出热情、积极向上的态度，这也是在面对困难时所体现出的一种豁达与超然的状态（罗莲莲等，2021）。"友善公益"是天府文化的一种文化情怀，表达了成都各行各业人们的热心关怀和文化温度（罗莲莲等，2021）。

三、满足语言服务人才培养定位的需求

随着全球化进程的加速和跨文化交流的增加，语言服务行业近年来也快速发展，为不同语言和文化背景的人们提供了沟通的桥梁和服务。天府文化传播则是通过各种形式的传媒和渠道，将天府文化信息传递给不同文化背景的人们，以促进文化交流和理解。天府文化传播可以通过文艺作品、新闻媒体、社交媒体等形式展现，而在此过程中，语言服务行业扮演了重要的角色，因为语言服务为天府文化传播提供必要的语言支持和翻译服务。

1. 语言服务人才培养的发展趋势

一是能够适应人工智能行业的需求。机器翻译、语音识别、自然语言处理等技术的应用，已经为语言服务行业带来了更高效、更便捷、更准确的翻译服务。二是满足本地化服务的需求。随着全球化的发展，不同文化间的交流变得更加频繁和多样，因此本地化服务的需求也越来越高。本地化服务是指将产品、服务或内容，按照当地的文化、习俗、法律和语言进行定制，以满足当地消费者的需求。语言服务行业可以为天府文化传播相关企业和个人提供本地化服务。三是发展语音和视频翻译服务。随着时代发展，语音和视频翻译服务的需求越来越高。语音和视频翻译服务可以帮助用户更好地接收天府文化信息，为影视、广告等行业提供了更多商业机会。四是走向行业垂直化。随着市场竞争的加剧和用户需求的多样化，语言服务行业也开始向行业垂直化方向发展。行业垂直化是指针对特定行业的需求，提供定制化的语言服务。例如，在天府文化传播行业，需要使用特定的术语和行业知识进行文化翻译传播，因此语言服务提供方需要具备相应的专业知识和技能。总之，语言服务行业是一个不断发展和变革的行

业，随着全球化和科技的不断进步，语言服务人才培养的发展前景将更加广阔。

2. 加强文化翻译传播人才培养的力度

翻译人才是天府文化翻译传播的关键，传播天府文化需要培养具备深厚文化底蕴和语言能力的翻译人才，提高翻译人员的专业素养。翻译专业最开始是语言学的一个分支，到 2004 年，上海外国语大学设立了第一个翻译学博士点；2006 年，翻译专业被列入教育部专业目录且批准招生，经过数年发展，后来又获批设立了翻译专业硕士。近年来，高校的翻译学士学位（Bachelor of Translation and Interpreting，BTI）和翻译硕士学位（Master of Translation and Interpreting，MTI）的人才培养虽然都取得了较大进步，但大都沿用传统外语教育培养模式，对语言服务的了解不够深入，学生缺乏从事专业服务的能力。因此，培养天府文化翻译传播领域的语言服务人才，有利于满足当代语言服务人才培养定位的需求。此外，高校应树立新时代的语言服务人才观，通过"联合培养""合作办学"等方式培养复合型、复语型的语言服务人才。高校要优化育人环节与环境，培养一流的语言服务人才，以国家需求和行业需求为导向，依托科学合理的语言服务专业培养方案，调整师资队伍、课程体系、教学手段和教学条件，建立复合型、应用型、创新型和创业型"四位一体"的语言服务课程体系（马佳瑛，2022）。转型升级的人才培养模式面向社会、服务国家战略与行业需求，可设立天府文化传播语言大数据、本地化服务、口译笔译服务、语言资产管理、语言服务咨询等专业方向，以满足语言服务的多元化需求。

一是改革人才培养模式、学科建设和课程设置。传统的外语翻译人才培养模式忽视了外语翻译的社会属性，忽略了科技、经济翻译及专业领域知识的学习，无法适应新时代经济和教育发展的需要。翻译教学应从传统翻译教学转向翻译技术教学，翻译人才培养目标也应从翻译技能向"翻译技能+所服务领域的专业知识"和专业语言服务转移（马佳瑛，2022）。在学科建设改革方面，根据我国人才强国战略相关要求，专业设置要向社会民生领域紧缺和就业率高的专业倾斜。高校应实现从翻译专业到语言服务专业的范式转型，以培养能服务社会、传承文化、推动国家发展的语言服务人才为目标，推进产教研建设。例如，让天府文化翻译传播的语言服务产业研究者及跨产业的专家、企业管理层、一线经理人和其他翻译从业者等共同参与到天府文化翻译传播学科建设中来，为国家培养适应社会发展需要的"中译外"人才，即为实现我国文化和经济"走出去"且"走进去"输送更多职业化、应用型、复合型的文化翻译传播语言服务人才。此外，高校应优化文化翻译传播语言服务人才培养的课程设置，课程可以大致分为以下几类：基本的语言技能和文化翻译传播技能培养课程；专业知识课程，即分专业和行业，让学生学习某一专业和行业的基本知识；机器翻译原理课程、计算机辅助翻译技能课程、语料库和智库建设课程；根据专门用途英语理论，学习某一特定专业和行业的典型语类、篇章结构、修辞手段和句法结构的构建等。

二是充分利用新技术。如今自然语言处理技术和云计算大数据技术普及，技术共享、语料建设等方面都取得了快速发展。机器翻译、机辅翻译、语音识别与转换等先进的自然语言处理技术逐步成熟，Onesky、Trycan、Flitto 等翻译平台的问世及飞速发展，为翻译研究与语言服务教育提供了有力支撑。"新特色""新标准"和"新学科"的语言智库建设也已提上日程。对此，高校应注重语言智库建设，具有中国特色的新型高校语言智库建设将致力培养学生的语言战略能力、语言治理能力和文化交流能力（马佳瑛，2022）。对天府文化翻译传播现象或事件进行系统性、综合性研究，及时将先进的信息技术发展成果应用于应用翻译研究。在当今大数据时代，应用于英语学习的信息化技术手段多种多样，促使线上学习平台迅速成长，而移动学习应用程序逐渐成为线上平台的主力军。网络学习平台有助于实现线上线下混合式教学和信息化立体式教学（仇全菊，宋燕，2021）。例如，移动学习应用程序立足于信息化与翻译学科学习的深度融合，让学生可以在线上学习天府文化课程，共享翻译课程资源。翻译教学可以充分利用数字化智能平台具备的三个特点：集成试题库等教学资源为不同层次学习者提供在线学习服务，提供外语专属个性化建课工具，支持多种外语专属练习形式。

当前，互联网和大数据技术迅猛发展，人工智能进入语言服务领域，传统的语言服务产业面临着新的机遇和挑战，天府文化语言服务企业的商业模式亟待革新。我国语言服务行业的现状是资源分散、规模偏小、人才非组织化、工作效率较低。因此，传统的翻译专业教育教学也需要改革，应加大应用型、复合型、技术型人才培养比重，培养满足服务社会需求的语言服务人才。面对"互联网+"的新趋势，我国的语言服务企业要拓宽产业链、提供增值服务，实现语言服务与信息技术的高效融合（马佳瑛，2022）。

三是注重产教研融合发展。加强天府优秀传统文化新时代价值的再挖掘、再整理，根据天府文化丰富的内容和特有的特征，对其进行深入挖掘、深入研究和深入阐释。一是设立"天府"研究基地，组建研究小组，从中华文明和世界文明的角度出发，深入研究、解读和阐释"天府"，为其提供科学、准确的理论基础。二是组织"天府文化"国际论坛，让不同国家和城市的人们在该平台上进行文化交流，促进天府文化与国际文化的相互沟通，提升天府文化的传播力和国际影响力。三是编纂出版天府文化系列丛书，将文献资料、研究成果和通俗读物分成不同层次，按批次和受众进行有计划的发行。四是打造天府文化期刊，挖掘其文化内涵与特色，展示其独特的文化韵味，以更好地传承天府文化。

关于产教研融合发展，具体可以从以下几方面入手。第一，将"天府"与核心价值有机融合。在中华文明发展大框架的指导下，通过对"天府"的深刻发掘，如将李冰尊重自然的思想、文翁的平民教育思想等，结合"天府"的内在精神特征，融入人们的思想和行为中，使其成为人们的价值导向。第二，将"天府"与"金沙讲坛""道德讲堂""市民大讲堂"

有机结合起来。办好各种讲堂，走进机关、学校、企业、社会等。第三，将"天府"与"书香"社会的构建有机联系起来。大力推动"书香天府"的多语传播创建。以建设国家中心城市和世界文化名城为出发点，将天府优秀传统文化传播列为发展的重点。打造一大批具有代表性的公共文化场所，如市级图书馆、美术馆、音乐厅、自然博物馆等，要有天府的气派和气质。推动公共文化服务的数字化和信息化进程，使天府文化真正"走出去"。第四，增强天府优秀传统文化发展的实践表达能力，对以改革创新为核心的时代精神进行深入挖掘，展示天府文化深厚的历史文化底蕴，打造国际化天府文化品牌。例如，由文化和旅游部、四川省人民政府、联合国教科文组织、中国联合国教科文组织全国委员会主办，成都市人民政府、四川省文化和旅游厅、中国非物质文化遗产保护中心、联合国教科文组织亚太地区非物质文化遗产国际培训中心、中国非物质文化遗产保护协会承办的第八届中国成都国际非物质文化遗产节，有利于将成都打造为世界知名的文化品牌城市，树立良好的文化形象，推动天府文化"走出去"。第五，以国家文化交流为基础，开展集城市形象宣传、文化交流贸易、商务投资、旅游美食推介、中医武术传播为一体的天府文化旅游国际宣传活动。以图书、影视作品、文创产品为载体，鼓励学界产业行业围绕天府文化进行跨界学术交流，加大新闻传播的力度，努力提高新闻创作、制作和传播的国际化水平，进一步深化与国内外媒体的交流，拓宽传播的途径。第六，推进文化产品的出口工作，支持优秀的本土剧目、文化艺术产品和文化遗产活动等在国外巡回展出；持续推进外籍人士"家在成都"工程，使其切实感受"天府"精神，从而加入传承与传播天府文化的实际行动中。第七，受"中国文化译研网（CCTSS）文旅翻译工作坊"启发，可以开设"天府文旅翻译工作坊"，以线上线下结合的方式就天府文化和旅游领域的翻译内容、翻译风格、语言处理等问题展开讨论。成立"天府文旅翻译工作坊"旨在在中外文化交流领域实现高效有力的信息传递，助力天府文旅事业的海外传播。工作坊探讨如何确保翻译地道，符合当地受众习惯；还可以邀请具有资深外宣与翻译经验的专业人士进行交流。例如，开展围绕大熊猫的人文科研工作坊，以期为天府旅游文化翻译传播提供实践参照和理论指导，进一步满足语言服务人才培养定位的需求。

小　结

随着全球化的发展，语言服务行业已经成为一个涉及翻译、传播、本地化等多个领域的复杂产业链。全球化服务需要语言翻译支持，因此语言服务行业的需求也在不断增加。同时，随着人工智能技术的不断发展，机器翻译和语音识别等技术也在逐渐成熟。这些技术的出现给文化翻译传播等领域带来了改变，也给语言服务行业带来了新的发展机遇。语言服务行业正在积极探索如何将这些新技术应用到翻译中，以提高传播效果和质量。语言服务行业已经逐渐融入天府文化翻译传播领域，并成为推动跨文化交流和天府文化国际化发展的重要支撑。在天府文化国际会议、商务洽谈、文化外交等各种场合，语言服务已经成为不可或缺的重要环节，其中翻译和本地化服务是天府文化传播的主要增长驱动力。本书倡导将翻译案例教学模式引入翻译课堂，提升翻译传播人才培养效果。在产教研融合视角下，翻译案例教学是最基本、最重要、最稳定的翻译教育教学活动之一。将行业翻译案例融入翻译教学既丰富了学生的翻译理论知识，又提升了学生的实践能力和就业能力，对满足中国式现代化建设的需求有着不可替代的作用。

结　语

在全球化的时代，文化翻译传播的意义愈加深远。不同国家和地区的文化差异是文化交流的重要内容，也是文化传播中需要跨越的障碍。文化翻译传播的目的就是要在不同的文化背景下实现文化的交流和传播，促进文化的融合和共享。如前所述，文化翻译传播在国家发展中扮演着重要的角色。首先，文化翻译传播可以促进文化交流和融合，以及各国之间的相互理解和信任，进而促进各领域的合作和发展。其次，文化翻译传播有助于提升国家软实力和国际形象。文化是一个国家的重要资源，国家的文化底蕴和文化氛围可以吸引外界的关注，文化翻译传播可以让人们更好地了解一个国家的文化、历史和传统，从而提高其国际地位和影响力。最后，文化翻译传播可以促进国家的经济发展。文化产业是一个国家经济发展的重要组成部分。通过文化翻译传播，可以将一个国家的文化产品和服务推向国际市场，促进文化产业的发展，从而带动整个国家的经济发展。

政府对于文化翻译传播的政策和态度一定程度上决定着翻译活动的兴衰。对文化翻译传播的时代背景和政策背景的系统研究，掌握文化翻译传播的运行规律，有利于国家、政府和相关组织制定科学的政策和措施，促进文化翻译传播事业的良性发展（杨晓华，2011）。对"一带一路"沿线重点地域进行实证研究是目前国内研究的重要领域，文化翻译传播的实施策略研究即是其一。在"一带一路"倡议背景下，学界论证了文化传播的重要意义，认为实施"一带一路"倡议需要民心相通，而民心相通则需要文化先行（隗斌贤，张昆，2015）。时至今日，"一带一路"倡议背景下的天府文化翻译传播研究开始聚焦传播文体的翻译研究，助推中华文化在全球化时代全面、系统的翻译传播（傅敬民，喻旭东，2021）。如前所述，从中华文化"走出去"战略、中华文化走向世界战略的论题出现以来，学术界在已有研究基础上取得了一系列相关成果，大力推动中华文化走向世界已经成为广泛共识。但是，已有的研究多从宏观角度研究国家文化走向世界的战略规划，对文化走向世界实施渠道的微观实证研究还缺乏全面的分析，对文化走向世界传播载体的培育还未形成系统的对策，对中华文化走向世界具体目标的分析也缺乏明确的分层。因此，关于中华文化走向世界的研究理论深度、体系完整性、领域拓展性还有待进一步加强。

中华文化走向世界的战略是一个综合性的传播工程，传播内容的选择、传播载体的培育、传播方式的革新都是重要的步骤，其核心是中华文化的内容创新，也就是要挖掘中华传统文化的现代价值，实现传统文化的现代化转换，增强中华文化在世界的认同度和竞争力。具体来说，就是明确中华文化走向世界的战略目标、战略主体和战略载体，针对不同的受众对象，选择不同的传播内容，制定不同的传播策略，做好宏观规划、顶层设计，充分调动政府、非政府组织、文化行业企业和民间个人，以及国内和海外各方面的力量和资源，把中华文化走向世界战略与其他层面的国家战略结合起来，形成推动中华文化走向世界的合力。重视和开发多种传播渠道，发挥新兴多媒体的作用、开发多元教育渠道、拓展各种交流平台、重视第三方渠道、壮大文化贸易渠道等，提升和拓展中华文化走向世界的产教研运载能力和传播空间。

由此，本书从产教研融合的跨文化传播视角来思考和研究中华文化走向世界的理论前提、战略目标、传播主体、传播载体、传播对象及战略措施等问题。中华文化走向世界的逻辑起点在于我国自身文化的强大，应先从内部文化自信自强入手，致力中华文化的自身建设，探索中华文化走向世界的"落地"实践方略，进而形成文化自信是依托、综合国力是基础、政府支持是保障的指导思想，理清传播目标、谁去传播、怎么传播、向谁传播、传播什么的指导思路。世界是丰富多彩的、文化是多样多元的，在今天文化全球化的背景下，世界各国、各民族文化差异存在的前提下，推动中华文化走向世界，只有坚持"和而不同，求同存异"的文化胸怀，着眼于促进人类进步与文明，才能超越文化价值观的差异，塑造中国现代文明新形象，为世界文化的繁荣和人类文明贡献中华文化的智慧。

在研究中华文化"走出去"的基础上，通过对文化翻译传播的概念、理论、历史和案例进行分析和探讨，笔者认为文化翻译传播是一项非常重要的任务。在这一任务中，有效的文化翻译传播可以使其传播内容更加准确、清晰，同时也能使人们对不同文化的理解更加深入。文化翻译传播需要多元路径，尽可能覆盖广泛的受众群体，对目标受众的特点、需求、兴趣等进行深入的研究和分析，以确定最佳的文化翻译传播策略和方法。保证文本翻译内容质量，并且注重内容的创新性、专业性、可信度和可读性，以吸引受众的关注。明确文化翻译传播计划并严格执行，以确保信息能够长期、持续地传播并达到预期效果。同时，还要制定明确的评估指标，并收集、分析和反馈传播效果数据，以便对文化翻译传播策略进行优化和改进。在产教研领域，文化翻译传播的应用也十分广泛。通过对行业翻译案例的教研，让学生了解来自不同文化背景的知识，培养具有国际视野的人才；研究跨文化传播和交流，增强不同国家之间的学术合作。综上所述，文化翻译传播的实践需要多方考虑和综合运用，以最大限度地实现跨文化交流与合作。

天府文化是中华文化的重要文化遗产，具有深厚的历史和文化底蕴。关于天府文化翻译传播实践助力国际传播能力建设的若干建议，旨在从理论层面进一步推动翻译学、传播学和文化学联通融合，促进文化交流与互鉴，从实践层面推进中华文化走向世界的发展路径。天府文化具有"创新创造、优雅时尚、乐观包容、友善公益"的特质。四川省大力发展天府文化传播，促进包括人员交流、思想交流和文化交流在内的人文交流，助力天府文化在国际上深入传播、弘扬，加快成都建设世界文化名城的步伐

（刘兴全，崔晓，智凌燕，2022）。

　　为了进一步提高天府文化的国际影响力，需要进一步拓展海外市场，通过在海外建立文化中心、推广天府文化旅游、促进文化产品出口等方式拓展海外市场，提高天府文化在海外的知名度和美誉度。政策支持是促进天府文化传播的关键，支持天府文化产业的发展和创新，为文化机构、文化产业行业和高校提供经费和资源支持，促进天府文化的国际传播和可持续发展。文化产品是天府文化翻译传播的重要内容，需要加强天府文化产品的创作和推广，提高文化产品的质量和知名度，促进文化产业的发展和国家经济的繁荣。*HELLO CHENGDU* 双语期刊是推介天府文化的翻译产品，本书通过对这一文化产品的实证研究发现，在跨文化交流过程中，天府文化翻译传播呈现了文化价值观、认知模式、行为规范等理念、内容，体现出一系列产教研策略和方法。*HELLO CHENGDU* 双语文本巧妙运用天府文化代表性领域，如通过茶文化、旅游文化、非遗文化、休闲文化等方面的文化翻译传播，结合产教研融合，提高了跨文化翻译传播的质量和效果，创新了天府文化翻译传播路径。

　　产教研融合视角下的天府文化翻译传播策略和模式主要文化本土化、文化适应性翻译、文化创新和跨文化交际策略等。文化本土化是指在翻译和传播天府文化产品时，充分考虑目标文化的背景、文化差异和受众需求，采用符合目标文化习惯的翻译和传播策略。例如，在推广天府休闲文化时，将天府故事情节和角色形象与当地文化融合，以符合不同文化受众的需求。文化适应性翻译是指在翻译和传播文化产品时，适当地调整或改变原天府文化产品的表现形式和方式，以适应目标文化的接受程度和文化差异。例如，天府旅游文化采用"乡村旅游"的概念，强调宁静的田园生活和美好的乡间环境，这符合国外文旅交流和生活方式的体验习惯；同时，开展传统的茶艺表演和茶文化体验活动，增进两种文化之间的相互了解和沟通。值得关注的是，成都国际非遗创意产业园以"国际非遗+"为核心，遵循"唯一性、长效性、国际性"原则，以文旅品牌跨界及国际非遗创新为园区特色，带动文创、旅游、演艺、娱乐等领域融合发展，形成特色产业生态链。园区致力构建集"文、旅、产、商"于一体的城市文化体验核心区和以"国际非遗+"为超级 IP 的城市微旅游目的地，为天府文化传播提供核心源动力。

在天府文化翻译传播过程中，产教研融合策略有助于提高国际影响力和传播效果。一是突出产教研特色。天府文化悠久的历史和丰富的民间文化元素是天府文化产业的独特之处，在翻译时可以突出这些独特的文化元素，创新文化产品，使其更能吸引受众的关注。二是采用产教研多元化的传播方式。随着信息技术的发展，文化翻译传播方式也变得更加多元化。除了传统的书籍出版、报纸杂志和电视电影等媒体形式之外，还可以通过互联网、社交媒体、产业行业平台等新媒体形式进行文化翻译传播。这样可以更好地满足不同受众的需求，拓宽文化翻译传播的渠道。三是建立产教研文化交流平台。产教研文化交流平台可以为天府文化翻译传播提供有力的支撑。比如，通过组织展览、演出、交流等活动，将天府文化介绍给世界各地的人们。四是产教研融合培养翻译专业人才。从事文化翻译传播工作需要具备语言、文化、专业、行业等多方面的素质。产教研融合培养翻译专业人才可以提高天府文化翻译传播质量，促进天府文化的国际化发展。

本书以产教研融合的跨文化传播为视角，重点研究天府文化融入中华文化走向世界战略与策略的构建。作为一种理论视角和研究方法，产教研融合的跨文化传播研究已经在全球化的现实语境下渗透到文化翻译传播领域，日益受到重视。然而，由于概念的宽泛松散和跨文化传播研究起步较晚，透过产教研融合的跨文化传播视角来研究文化翻译传播问题的学术成果还不多见。为此，本书从跨文化传播的视角简述了天府文化走向世界的整体情况，力图跳出以往的研究视野，尝试为天府文化走向世界的研究开辟一个新的领域。本书可能仍然存在某些局限，需要更多数据和案例来支撑研究的结果。在研究文化翻译传播之前，需要进行全面的产教研调研和分析，了解目标受众的文化背景和需求，分析原文的文化特点和意义，制定适合的文化翻译传播策略，尽可能地做到本土化；关注在文化翻译传播过程中采用的多种手段，包括翻译文本的修订和改写、调整文化元素的表达方式、增加目标文化的参照等。*HELLO CHENGDU* 以官方为主导的叙事话语进行建构，推介媒介以主流媒体为主。随着新媒体的迅速崛起和受众面的不断扩大，更要创新天府文化翻译传播的路径，充分挖掘企业行业叙事，丰富文化翻译传播教学载体，构建产教研多元协同发展的天府文化翻译传播格局。

以上是对本书的总结和一些后续思考，由于论题和结构的构架较大，研究天府文化翻译传播助推中华文化走向世界是一个宏大的、交叉学科的课题，相关理论、观点庞杂，本书将对这些理论、观点进行梳理、评析时多有不详。很多方面的论述还显得较为单薄，关于天府文化走向世界战略实施的效果反馈研究，限于水平以及条件还未成熟，需要在将来的研究中进一步完善。

新的时代带来了新的变化，新的变化提出了新的问题，源于实践、指向现实的天府文化翻译传播研究不可能回避这些新变化与新问题。新形势下的天府文化翻译传播研究体现出强烈的国家意识与服务意识，天府文化翻译传播研究的内涵不断深化，范围不断扩展，在拓展天府文化翻译研究领域、加强天府文化传播研究理论话语建设、践行天府文化传播特色等方面依然有诸多课题。

在全球化、信息化时代背景下，未来天府文化传播研究应进一步探索天府文化翻译传播行业发展的特点与规律、天府文化传播行业管理、天府文化传播行业与其他行业的互动关系、天府文化传播行业与社会经济文化发展的互动关系。新时代天府形象的建构，需要积极搭建产教研融合渠道，把握发言和发声的机会，阐释厚重悠久的天府文化精神及其时代内涵，进一步提升天府文化的吸引力、感召力和辐射力，扩大天府文化在国际的影响力，为中国国际形象的提升和国际话语权的提升贡献天府力量。

经济、文化的快速发展，"一带一路"建设的需求，促使我国的语言服务产业发生了根本转变。为了使语言服务满足社会行业需求、传承文化、推动国家发展，满足"一带一路"建设和"双一流"建设的需要，文化翻译传播应逐渐向语言服务过渡，翻译教学目标应从通用翻译和文学翻译的范式转向专业翻译和行业翻译，依托语言智库和学科交叉优势，培养服务国家需求、社会发展和行业需求的复合型跨学科语言服务人才。

参考文献

蔡尚伟. 天府文化的历史韵味与时代表达［J］. 人民论坛, 2019 (15): 123-125.

陈本锋. 天府文化融入成都校园文化的意义、内容与路径［J］. 天津中德应用技术大学学报, 2020 (6): 106-111.

陈诚, 任雪花. 全球化语境下的文化翻译——论民族文学作品《天府的记忆》英译［J］. 湖南科技学院学报, 2016, 37 (4): 171-173.

陈夏临. 体肤神貌: 以苏轼诗翻译筑跨文化审美共同体［J/OL］. (2023-04-28) [2023-05-11]. http://kns.cnki.net/kcms/detail/51.1610.G4.20230428.1706.002.html.

丛滋杭. 翻译理论与翻译教学［J］. 中国科技翻译, 2007 (1): 35-39.

丁芝慧.《儒林外史》文化负载词的翻译研究［D］. 上海: 上海师范大学, 2022.

董德福, 孙昱. 关于"中国文化走出去"战略的几个问题［J］. 延安大学学报（社会科学版）, 2013, 35 (4): 43-47.

杜可君. 国家翻译实践推动地方文化外译［N］. 中国社会科学报, 2022-08-19 (08).

方梦之. 应用翻译研究: 原理、策略与技巧（修订版）［M］. 上海: 上海外语教育出版社, 2019.

冯和一. 天府文化的校园传承与传播路径分析——以成都大学"国学经典""成都通"实践教学为例［J］. 品位·经典, 2021 (7): 48-52.

冯敏萱. 汉英平行语料库的平行处理［M］. 北京: 世界图书出版公司, 2021.

傅敬民. 我国应用翻译研究: 回顾与反思［J］. 上海大学学报（社会科学版）, 2019 (5): 93-104.

傅敬民. 翻译作为独立学科的新时代中国翻译教育［J］. 外语电化教学, 2023, 209 (1): 11-13.

傅敬民, 喻旭东. 大变局时代中国特色应用翻译研究: 现状与趋势［J］. 上海大学学报（社会科学版）, 2021, 38 (4): 128-140.

傅敬民，袁丽梅. 新形势下我国应用翻译研究：机遇与挑战［J］. 中国翻译，2022（2）：
　　97-102.

管新潮，陶友兰. 语料库与翻译［M］. 上海：复旦大学出版社，2017.

郭树勋. 延伸阅读——擦亮天府文化名片　叫响文创中心品牌［J］. 文化产业导刊，
　　2018（4）：39-42.

哈贝马斯. 交往行为理论［M］. 曹卫东，译. 上海：上海人民出版社，2018.

赫尔德，等. 全球大变革：全球化时代的政治、经济与文化［M］. 杨雪冬，等译. 北
　　京：社会科学文献出版社，2001.

何金海，王玲. 美丽宜居公园城市建设对天府文化传承与发展的研究［J］. 四川建筑，
　　2020，40（6）：31-33，37.

何一民. 关于构建"天府学"的思考［M］//成都市地方志编纂委员会办公室. 志苑集
　　林. 成都：四川人民出版社，2019：149-159.

胡琰琪. 略论商洛智慧旅游汉英双语语料库构建［J］. 黑河学院学报，2023，14（1）：
　　131-133.

黄剑华. 从成都平原考古发现说天府文化［J］. 地方文化研究，2018（2）：1-20.

黄艳丽. "一带一路"背景下英语翻译对民族文化创新的影响研究［J］. 林区教学，
　　2021，287（2）：77-79.

黄友义. 强化国家对外翻译机制，助力国际传播能力提升［J］. 英语研究，2022（1）：
　　12-19.

黄友义. 以国家翻译能力提升助力国际传播能力建设——《从"翻译世界"到"翻译
　　中国"：对外传播与翻译实践文集》介评［J］. 对外传播，2022（12）：49-52.

姜欣，宁全. 国内茶文化翻译研究十五年——基于 CiteSpace 的可视化分析［J］. 南京工
　　程学院学报（社会科学版），2021（2）：6-10.

鞠宏磊. 我国文化"走出去"动力机制研究［J］. 编辑之友，2011，183（11）：30-32.

康宁. 高校外语专业翻译教学的新趋向［J］. 科教文汇（下半月），2006（18）：53.

蓝红军. 译学理论何为——对我国翻译学理论研究的思考［J］. 上海翻译，2015（1）：
　　16-20.

李川. 努力增强全球文化话语权［N］. 成都日报，2021-07-09（07）.

李家元. 基于报刊语料库的天府文化在英美国家的传播与接受研究［J］. 新闻研究导
　　刊，2020，11（8）：17-18.

李洁. 天府文化创造性转化创新性发展研究——基于成都城市美学的视角［J］. 中共成

都市委党校学报, 2020 (4): 79-84.

李明, 仲伟合. 翻译工作坊教学探微 [J]. 中国翻译, 2010 (4): 32-36, 95.

连彩云, 荆素蓉, 于婕. 创新翻译教学模式研究——为地方经济发展培养应用型专业翻译人才 [J]. 中国翻译, 2011 (4): 37-41.

梁妍. 文化立城　精神树人——弘扬天府文化, 做新时代好青年课实录 [C/OL] // "十四五"成都教育高质量发展研讨会论文集. wap. cnki. net/touch/web/Conference/Article/TXZH2021001040. 2021: 186-189.

刘明, 朱云鹏. 产城融合建设天府新区的文化视角初探 [J]. 四川省干部函授学院学报, 2011 (4): 20-22.

刘榕. 以翻译实践能力为导向的翻译案例教学探析 [J]. 中国多媒体与网络教学学报(上旬刊), 2020 (9): 66-68.

刘玮, 王丽. 高校图书馆传承优秀传统文化的实践与思考——以西南财经大学天府学院图书馆为例 [J]. 内蒙古科技与经济, 2020 (21): 127-128, 131.

刘兴全, 崔晓, 智凌燕, 等. 天府文化融入孟中印缅区域人文交流的途径研究 [J]. 成都行政学院学报, 2022 (5): 86-95, 106, 119.

刘彦武, 李明泉. 四川文化强省建设与文化产业发展实践与探索 [J]. 新西部, 2018 (19): 55-56, 61.

罗伯森. 全球化——社会理论和全球文化 [M]. 梁光严, 译. 上海: 上海人民出版社, 2000.

罗莲莲, 罗一铭, 兰金敏, 等. 天府文化元素的研究 [J]. 中文科技期刊数据库(全文版)社会科学, 2021 (8): 152-153.

马佳瑛. 翻译专业从学科教学向语言服务转向的可行性研究 [J]. 陕西教育(高教), 2022 (3): 23-24.

马静. 新时代背景下的天府优秀传统文化传承路径 [J]. 文化产业, 2023 (3): 91-93.

潘殊闲. 天府文化综论 [J]. 地方文化研究辑刊, 2020 (1): 17-26.

齐勇锋, 蒋多. 中国文化走出去战略的内涵和模式探讨 [J]. 东岳论丛, 2010, 31 (10): 165-169.

仇全菊, 宋燕. 案例教学法在《旅游翻译》课程中的应用 [J]. 汉字文化, 2021, 297 (S1): 146-148.

任文, 赵田园. 国家对外翻译传播能力研究: 理论建构与实践应用 [J]. 上海翻译, 2023, 169 (2): 1-7, 95.

萨莫瓦约. 互文性研究 [M]. 邵炜, 译. 天津: 天津人民出版社, 2003.

师江, 李娅丽, 王允红. 让天府文化成为彰显成都独特魅力的旗帜——传承发展天府文化的思考与实践 [J]. 成都行政学院学报, 2019 (6): 77-81.

石蕊. 创新翻译教学模式研究——案例教学在应用翻译教学中的运用 [J]. 牡丹江大学学报, 2012 (12): 174-176.

宋洁. 坚定新时代天府文化自信 把握成都的"根与魂" [J]. 中国民族博览, 2019 (2): 46-48.

眭海霞, 陈俊江, 练红宇. 乡村振兴战略下天府乡村文化保护与传承研究 [J]. 四川省社会主义学院学报, 2022 (1): 75-84.

谭平. 天府文化的源流梳理和当代表达 [J]. 小康, 2018 (29): 72-75.

唐巧惠. 案例教学模式在翻译课堂教学中的应用研究 [J]. 才智, 2017 (22): 212.

王传英, 赵琳. 依托影视字幕翻译开展案例教学 [J]. 外国语文, 2011 (4): 109-113.

王嘉, 段祯, 卢星宇, 等. 弘扬传统文化 赓续天府文脉 [N]. 成都日报, 2022-06-16 (02).

卫志民. 建构中国文化产业"走出去"战略体系的设想 [J]. 现代经济探讨, 2013 (4): 32-35.

吴明珊, 于善波, 刘宇会. "一带一路"背景下民族文化对外传播路径创新研究 [J]. 现代营销 (信息版), 2019 (6): 48-49.

吴妮徽. 天府文化中非遗文化艺术的创新性传承发展 [J]. 名家名作, 2022 (7): 127-128.

星野昭吉. 全球政治学: 全球化进程中的变动、冲突、治理与和平 [M]. 刘小林, 张胜军, 译. 北京: 新华出版社, 2000.

徐学书. "天府四川": 神话、历史、现实叠加的区域文化形象——对四川"天府"文化形象的新解读 [J]. 西华大学学报 (哲学社会科学版), 2011, 30 (3): 41-44.

薛克翘. 天府之国与中印古代文化交流 [J]. 南亚东南亚研究, 2021 (6): 107-115, 157.

杨利英. 近年来中国文化"走出去"战略研究综述 [J]. 探索, 2009 (2): 102-106.

杨晓华. 翻译社会学的理论构架与研究——以中国语言服务产业为例 [J]. 上海翻译, 2011 (3): 7-12.

杨玉华, 万春林. 天府文化与成都超大型城市治理 [J]. 成都大学学报: 社会科学版, 2021 (4): 24-31.

杨子均. 天府文化进大学校园教育实践路径研究 [J]. 中共成都市委党校学报, 2021 (3): 89-96.

于连江，张作功. 以案例教学模式培养实用型英语人才［J］. 外语界，2001（6）：26-30.

余倩，张军. 文学翻译中作者与翻译者之间的意识冲突分析［J］. 英语广场，2019，103（7）：43-44.

原艺. 地域文化影像话语建构与传播——以天府文化影视作品为例［D］. 成都：成都理工大学，2018.

曾衍文. 非物质文化遗产英译研究现状分析及探讨：基于2007—2016年数据［J］. 四川戏剧，2018（1）：138-141.

张春柏，吴波. 从翻译课堂到翻译工作坊——翻译精品课程建设的启示［J］. 外语教学理论与实践，2011（2）：70-73.

张殿军. 论中国"文化走出去"［J］. 理论探索，2012（6）：5.

张殿军. 当代中国对外文化交流战略［M］. 天津：天津人民出版社，2014.

张昆，陈雅莉. 文化多样性与对外传播的差异化战略［J］. 武汉大学学报（人文科学版），2015（4）：113-121.

张丽梅. 案例教学法的研究与教学实践［J］. 黑龙江教育（高教研究与评估），2006（3）：51-52.

张泗考. 跨文化传播视域下中华文化走向世界战略研究［D］. 石家庄：河北师范大学，2016.

张小波. 基于案例教学法的翻译教学探讨［J］. 广东医学院学报，2006（3）：327-328.

张作功，于连江. 高校翻译教学的案例模式研究［J］. 浙江教育学院学报，2010（6）：61-65.

赵丽丽，宋欣阳. 基于语料库的非物质文化遗产文本翻译方法探究［J］. 文化学刊，2021（1）：200-202.

郑海霞. 中原文化对外传播的现实困境与实践理路［J］. 华北水利水电大学学报（社会科学版），2023（1）：101-107.

郑正真，李数函. 成都市文化与科技深度融合创新策略研究［J］. 决策咨询，2021（6）：46-50.

中共中央文献研究室. 习近平关于社会主义文化建设论述摘编［M］. 北京：中央文献出版社，2017.

中国翻译协会. 2019中国语言服务行业发展报告［R］. 北京：外文出版社，2020.

仲伟合. 文化对外传播路径创新与翻译专业教育［J］. 中国翻译，2014（5）：11-15.

朱山军. 关于专业英语翻译教学模式改革的思考［J］. 教育与职业，2006（5）：110-112.